长江文明之旅
山高水长篇

/科技部推荐优秀科普图书/

纵横水网

总顾问 冯天瑜 钮新强
总主编 刘玉堂 王玉德

黄强 著

上海科学技术文献出版社
Shanghai Scientific and Technological Literature Press
长江出版社
CHANGJIANG PRESS

长江文明馆献辞

（代序一）

冯天瑜

无边落木萧萧下，
不尽长江滚滚来。
——杜甫《登高》

江河提供人类生活及生产不可或缺的淡水，并造就深入陆地的水路交通线，江河流域得以成为人类文明的发祥地、现代文明繁衍畅达的处所。因此，兼收自然地理、经济地理、人文地理旨趣的流域文明研究经久不衰。尼罗河、幼发拉底—底格里斯河、印度河、恒河、莱茵河、多瑙河、伏尔加河、亚马孙河、密西西比河、黄河、珠江等河流文明，竞相引起世人关注，而作为中国“母亲河”之一的长江，更以丰饶的自然秉赋、悠远深邃的文化积淀、广阔无垠的发展前景，理所当然成为江河文明研究的翘楚。历史呼唤、现实诉求，长江文明馆应运而生。她以“长江之歌 文明之旅”为主题，以水孕育人类、人类创造文明、文明融于生态为主线，紧紧围绕“走进长江”、“感知文明”和“最长江”三大核心板块，利用现代多媒体等手段，全方位展现长江流域的旖旎风光、悠久历史和璀璨文明。

干流长度居亚洲第一、世界第三的长江，地处亚热带北沿，人类文明发生线——北纬30° 线横贯流域。而此纬线通过的几大人类古文明区（印度河流域、两河流域、尼罗河流域等）因副热带高压控制，多是气候干热的沙漠地带，作为文明发展基石的农业仰赖江河灌溉，故有“埃及是尼罗河赠礼”之说。然而，长江得大自然眷顾，亚洲大陆中部崛起的青藏高原和横断山脉阻挡来自太平洋季风的水汽，凝集为巫山云雨，致使这里水热资源丰富，最适宜人类生存发展，是中国乃至世界自然禀赋优越、经济文化潜能巨大的地域。

长江流域的优胜处可归结为“水”—“通”—“中”三字。

一、淡水富集

长江干流、支流纵横，水量充沛，湖泊星罗棋布，湿地广大，是地球上少有的亚热带淡水富集区，其流域蕴蓄着中国35%的淡水资源、48%的可开发水电资源。如果说石油是20世纪列国依靠的战略物资，那么，21世纪随着核能及非矿物能源（水能、风能、太阳能等）的广为开发，石油的重要性呈缓降之势，而淡水作为关乎生命存亡而又不可替代的资源，其地位进一步提升。当下的共识是：水与空气并列，是人类须臾不可缺的“第一资源”。长江的淡水优势，自古已然，于今为烈，仅以南水北调工程为例，即可见长江之水的战略意义。保护水生态、利用水资源、做好水文章，乃长江文明的一个绝大题目。

二、水运通衢

在水陆空三种运输系统中，水运成本最为低廉且载量巨大。而长江的水运交通发达，其干支流通航里程达6.5万千米，占全国内河通航里程的52.5%，是连接中国东中西部的“黄金水道”，其干线航道年货运量已逾十亿吨，超过以水运发达著称的莱茵河和密西西比河，稳居世界第一位。长江中游的武汉古称“九省通衢”，即是依凭横贯东西的长江干流和南来之湖湘、北来之汉水、东来之鄱赣造就的航运网，成为川、黔、陕、豫、鄂、湘、赣、皖、苏等省份的物流中心，当代更雄风振起，营造水陆空几纵几横交通枢纽和现代信息汇集区。

三、文明中心

如果说中国的自然地理中心在黄河上中游，那么经济地理、人口地理中心则在长江流域。以武汉为圆心、1000千米为半径画一圆圈，中国主要大都会及经济文化繁荣区皆在圆周近侧。居中可南北呼应、东西贯通、引领全局，近年遂有“长江经济带”发展战略的应运而兴。长江经济带覆盖中国11个省（市），包括长三角的江浙沪3省（市）、中部4省和西南4省（市）。11省（市）GDP总量超过全国的4成，且发展后劲不可限量。

回望古史，黄河流域对中华文明的早期发育居功至伟，而长江流域依凭巨大潜力，自晚周疾起直追，巴蜀文化、荆楚文化、吴越文化与北方之齐鲁文化、三晋文化、秦羌文化并耀千秋。龙凤齐舞、国风—离骚对称、孔孟—老庄竞存，共同构建二元耦合的中华文化。中唐以降，经济文化重心南移，长江迎来领跑千年的辉煌。近代以来，面对“数千年未有之大变局”，长江担当起中国工业文明的先导、改革开放的先锋。未来学家列举“21世纪全球十大超级城市”，依次为：印度班加罗尔、中国武汉、土耳其伊斯坦布尔、中国上海、泰国曼谷、美国丹佛、美国亚特兰大、墨西哥昆坎—图卢姆、西班牙马德里、加拿大温哥华。在可预期的全球十大超级城市中，竟有两个（武汉与上海）位于长江流域，足见长江文明世界地位之崇高、发展前景之远大。

为着了解这一切，我们步入长江文明馆，这里昭示——

一道天造地设的巨流，怎样在东亚大陆绘制兼具壮美柔美的自然风貌；

一群勤勉聪慧的先民，怎样筚路蓝缕，以启山林，开创丰厚优雅的人文历史。

（作者系长江文明馆名誉馆长、武汉大学人文社科资深教授）

一馆览长江 水利写文明
（代序二）

钮新强

“你从雪山走来，春潮是你的风采；你向东海奔去，惊涛是你的气概……”一首《长江之歌》响彻华夏，唱出中华儿女赞美长江、依恋长江的深厚情感。

深厚的情感根植于对长江的热爱。翻阅长江，她横贯神州6300千米，蕴藏了全国1/3的水资源、3/5的水能资源，流域人口和生产总值均超过全国的40%；她冬寒夏热，四季分明，沿神奇的北纬30°延伸，形成了巨大的动植物基因库，蕴育了发达的农业，鱼儿欢腾粮满仓的盛景处处可现；她有上海、武汉、重庆、成都等国之重镇，现代人类文明聚集地如颗颗明珠撒于长江之滨；她有神奇九寨、长江三峡、神农架等旅游胜地，多少享誉世界的瑰丽美景纳入其中；她令李白、范仲淹、苏轼等无数文人墨客浮想联翩，写下无数赞美的词赋，留下千古诗情。

长江两岸中华儿女繁衍生息几千年，勤劳、勇敢、智慧，用双手创造了令世人瞩目的巴蜀文明、楚文明及吴越文明。这些文明如浩浩荡荡的长江之水，生生不息，成为中华文明重要组成部分。

人类认识和开发利用长江的历史，就是一部兴利除弊的发展史，也是长江文明得以丰富与传承的重要基石。据史料记载，自汉代到清代的2100年间，长江平均不到十年就有一次洪水大泛滥，历代的兴衰同水的涨落息息相关。治国先必治水，成为先祖留给我们的古训。

为抵御岷江洪患，李冰父子筑都江堰，工程与自然的和谐统一，成就了千年不朽，成都平原从此“水旱从人、不知饥馑”,天府之国人人神往。

一条京杭大运河，让两岸世世代代的子孙受惠千年。今天，部分河段化身为南水北调东线调水的主要通道，再添新活力，大运河成为连接古今的南北大命脉。

新中国成立以后，百废待兴，党和政府把治水作为治国之大计，长江的治理开发迎来崭新的时代。万里长江，险在荆江。1953年完建的荆江分洪工程三次开闸分洪，抗击1954年大洪水，确保了荆江大堤及两岸人民安全。面对’54洪魔带来的巨大创伤，长江水利人开启长江流域综合规划，与时俱进，历经3轮大编绘，使之成为指导长江治理开发的纲领性文件。

“南方水多，北方水少，能不能从南方借点水给北方？”毛泽东半个多世纪前的伟大构想，是一个多么漫长的期盼与等待呀。南水北调的蓝图，在几代长江水利人无悔选择、默默坚守、创新创造中终于梦想成真，清澈甘甜的长江水在“人造天河”里欢悦北去，源源不断地流向广袤、干渴的华北平原，流向首都北京，流向无数北方人的灵魂里。

新中国成立以来，从长江水利人手中，长江流域诞生了新中国第一座大型水利工程——丹江口水利枢纽工程、万里长江第一坝——葛洲坝工程、世界最大的水利枢纽——三峡工程。与此同时，沉睡万年的大小江河也被一条条唤醒，以清江水布垭、隔河岩等为代表的水利工程星罗棋布，嵌珠镶玉。这是多么艰巨而充满挑战、闪烁智慧的治水历程!也只有在这条巨川之上，才能演绎出如此壮阔的治水奇观，孕育出如此辉煌的水利文明，为古老的长江文明注入新的动力!

当前，长江经济带战略、京津冀协同发展战略及一带一路建设正加推提速，长江因其特殊的地理位置与优质的资源禀赋与三大战略（建设）息息相关，长江流域能否健康发展关系着三大战略（建设）的成败。因此，长江承载的不仅是流域内的百姓富强梦，更是中华民族的伟大复兴梦。长江无愧于中华民族母亲河的称号，她的未来价值无限，魅力永恒。

武汉把长江文明馆落户于第十届园博会园区的核心区，塑造成为园博会的文化制高点和园博园的精神内核，这寄托着武汉对长江的无比敬重与无限珍爱。可以想象，长江文明馆开放之时，来自五湖四海的人们定将发出无比的惊叹：一座长江文明馆，半部中国文明史。

（作者系长江文明馆名誉馆长，中国工程院院士、长江勘测规划设计研究院院长）

目录

大江纵横

浩浩长江，万古流芳。出山入海，日月同光。

大江经纬，浩淼苍茫。歌起雪域，经幡飘扬。沱沱正源，甘泉流淌。通天河清，雄鹰翱翔。金沙浪急，峡谷怒涛虎步狂；玉树云飞，悬河泻瀑天梯荡。长江第一弯，石鼓清波漾。嘉陵托山城，乌江展画廊。号子声声远，酒花阵阵香。高坝横空驭雷电，神女平湖沐霞光。山尽原野阔，荆江九回肠。鹦鹉听涛琴声近，龟蛇牵手两相望。鄱阳万顷，引沙鸥自徜徉；黄山千仞，容松石而奇藏。扬州俏，太湖靓。运河舞，姑苏唱。无边东海生明月，万里长河送碧浪。

大江神韵，源远流长。圣美源头传佳话，巴山蜀水挺脊梁。李冰筑堰泽千秋，相如一曲凤求凰。轻舟辞白帝，赤壁赋大江。屈子吟，问天求索九歌芳；红楼聚，辛亥枪声震天响。黄鹤归来兮，白云亦悠扬。洪湖水，浪打浪。洞庭波，忧乐长。滕王映秋水，黄梅吐清香。庐山恋，镜湖月，涛声伴客眠；雨花魂，钱塘潮，吴越醉苏杭。古镇依廊桥，江南梦水乡。海派飞新韵，淞沪忆沧桑。情切切，气昂昂。神奕奕，声朗朗。江河纵横铺画卷，百川归海情怀畅。

大江辉煌，金色梦想。神州万象新，川江千里夜通航；改革春潮涌，三峡百年奏华章。港埠星罗，船舶飞梭织九州；南水北调，长风万里送琼浆。皖江一帆顺，扬子韵无双。虹桥横玉宇，洋山架金梁。东方明珠响箭穿云，自贸新区活力绽放。成于笃行，功在不舍；百折不回，破浪远航。建黄金水道，盛世中华共兴邦；领世界一流，长江儿女竞辉煌。大江美，天地畅。东风劲，英姿爽。巨龙腾飞向天外，扬帆奋进壮炎黄！

浩浩长江万古流

从九天苍穹俯瞰地球，一条6300千米的彩带在北纬30度线上飘舞，一端系着青藏高原，一端连着东海之滨。这，就是长江。

「万里长江」

长江，发源于青藏高原各拉丹冬雪山西南侧。圣洁冰川融化的晶莹水滴是母亲河的初乳。涓涓细流从雪域高原蜿蜒而下，一路承纳，一路放歌，带着东方古国昨日与今朝的故事，把每年近万亿立方米的水量赠予东海。

长江流域形如一架手推童车，将中华民族的历史，从远古轻轻推来。200 万年前，这里就有人类活动的足迹。1 万多年前，这里就播下文明的种子。先民在这里披荆斩棘，狩猎耕作，构室筑屋，熔铸冶炼。那饱满的稻粒、精致的榫卯，还有那彩陶、美玉、丝绸、漆器，至今让人震撼无比。

日月经天，江河行地。长江一边阅尽沧桑，一边创造奇迹。从雪山到东海，她或缓步徐行，浅斟低唱如行吟诗人；或飞流直下，雷霆万钧如冲锋将士；或波澜不惊，从容不迫如谦谦君子；或浩浩荡荡，气宇轩昂如伟岸丈夫。她挥洒出山峰雄奇秀美、丘陵连绵不绝、沃野坦荡如砥。长江儿女在母亲河畔繁衍生息，创造华夏的辉煌，并为人类文明谱写壮丽。

溪流般美丽的故事，浪花般涌动的诗意，全都化作踏歌起舞，扬帆远行。

来吧，请走进长江流域180万平方千米的土地，梦回那上下五千年的沧桑记忆，放飞那纵横十万里的悠远神奇。

「圣洁雪域」

长江云水浩渺，行程万里，启航的第一个音符奏响在一片圣洁的雪域上。

一滴晶莹的雪水，是她最初的生命；散如孩童发辫的沱沱河，是她初出家门的行头。从当曲河口到玉树巴塘，人们称她通天河。公元641年，她曾眺望文成公主的车队；1360多年后，她看到青藏高原披上钢铁哈达，天路闪烁。

从巴塘河口到四川宜宾，水流湍急，河谷深切，千百年来，人们在河道里不断淘出沙金，便欣喜地叫她金沙江。金沙江由北向南奔流，左侧的雅砻江以近乎平行的流向在急速追赶她。雅砻江因为模样、性格都像金沙江，又是金沙江最大的支流，人们称之为小金沙江。其实，雅砻江与岷江、嘉陵江、乌江、沅水、湘江、汉江、赣江等一起并称为长江八大支流，他们也都支流甚众，水量丰沛，流域广阔。

「金沙江」

金沙江一直南流，在横断山区演绎出“三江并流”奇观后，于云南石鼓镇突然转向东北，绕出“长江第一弯”，冲出虎跳峡，开启了东流入海的征程。在三江口，她转向南流，又绕出一个大弯。是温婉的丽江城、美丽的泸沽湖让她流连，还是漫长的茶马古道让她想再眺望一次？此后一路向东，她很少再绕这样的大弯。至攀枝花，金沙江接纳雅砻江后，继续在川滇边界穿行，于宜宾涌入巴蜀大地。

从宜宾到宜昌，长江大多流经川渝地区，人们称她为川江，其中奉节白帝城至宜昌南津关又叫峡江。在宜宾、泸州，岷江、沱江分别从左岸汇入。在这里，长江见闻了都江堰的智慧、天府国的丰饶、三星堆的神秘、石达开的悲壮、工农红军的英勇。嘉陵江汇入处，西南地区最大的城市重庆巍然矗立，抗日战争时期，重庆曾是中国的陪都；1997 年，重庆成为中国最年轻的直辖市。赤水河、乌江分别从右岸合江、涪陵汇入，带来了多彩贵州醇香的美酒与炫丽的民族风情。

「长江三峡大坝全貌」

千里川江是一幅瑰丽的历史长卷，这里有距今 204 万年的巫山人、云阳李家坝商周以来的文化遗存、三峡里的大溪文化遗址、刘备托孤的奉节白帝城、香溪边的昭君故里……长江劈开三峡直下南津关，把夔门天下雄、巫山十二峰，还有楚襄王的朝云暮雨、蜀丞相的兵书宝剑，都留在了雄伟壮观的峡谷里。

川江水系庞大，水量是金沙江的 3 倍，如此丰沛的水能，当做大用。

> 川江出口处，耸立着三峡大坝，这是迄今为止世界上最大的水利枢纽，也是长江流域规划的关键性控制工程。三峡工程建设，长江儿女等待很久了。

出宜昌，长江进入中游河段。清江从右岸汇入，长江在湖北境内的第二大支流一如其名，在带来一江清水的同时还带来了巴人的神秘故事。这里的长江视界顿时开阔起来，两岸不再是“猿声啼不住”的万重山峦，而是“楚地阔天边，苍茫万顷连”的江汉平原。

江汉平原河湖纵横，大名鼎鼎的荆州就坐落在此。因而这段长江以荆江为名。荆江河道变迁频繁，蜿蜒曲折，行洪不畅，历史上水患频发。新中国成立后，修建分蓄洪区，实施河道截弯取直，并加固荆江大堤，有效缓解了水患压力。

长江又听见了洞庭湖的呼唤，她把流向由东暂时调为向南。八百里洞庭汇聚湘、资、沅、澧四水，吞吐长江。“洞庭天下水，岳阳天下楼”，岳阳楼揽风月无边，存忧乐情怀。

挥别洞庭湖，长江顺东北奔向武汉。她从黄鹤楼下流过，汉江从陕西迤逦而来，汇入长江，激荡的涛声里增添了诗人的吟咏、战士的呐喊。辛亥革命一声枪响，几千年封建帝制轰然倒塌。“一桥飞架南北，天堑变通途”，长江与京广线在此交会，国家中心城市、综合交通枢纽和中游航运中心的建设，更成就武汉九省通衢的美誉。

长江一路前行，在吞吐众多河湖后抵达江西湖口进入下游。“浔阳江头夜送客，枫叶荻花秋瑟瑟”，九江古称浔阳，长江由此获得浔阳江的别称。江西五水赣、抚、饶、信、修，携带大大小小支流，汇入中国最大的淡水湖鄱阳湖。从这里每年注入长江的水量超过黄河、淮河、海河水量的总和。滕王阁就在赣江边上，天下名扬。

「九江」

来不及细看“横看成岭侧成峰”的庐山，安徽就用皖江呼唤母亲河了。八百里皖江波光粼粼，烟树万家。皖江畔，黄山奇松迎宾舞，翠谷青峰独秀于五岳之外。巢湖将诗画兵戈融入一湖，经裕溪河注入长江。在这里，长江水系和淮河水系隔岭而卧，千百年来人们试图用运河连接两大水系，而今引江济淮工程让这梦想逐渐变为现实。

长江循着东海的涛声而行，来到长江三角洲地区，获得最后一个别名扬子江。右岸南京六朝金粉的诗酒笙歌、虎踞龙蟠的慷慨激昂与秦淮河水一起汇入；左岸扬州特有的“二分明月”、瘦西湖的温婉柔情随大运河水奔流跨江。运河的南端则是“人间天堂”苏杭。位于江南水网中心的太湖，似乎知道长江已近东海，不再需要集中给她更多的水量，便以庞大的水系，经营出无数富庶而美丽的水乡古镇，同时化整为零，将湖水从众多河港分流入江。

在吴淞口，长江纳入最后一条支流黄浦江，将深情的拥抱留给上海后从容地融入大海，挥别时她将一路携带的行李放在长江口，平添了美丽而充满生机的崇明三岛。上海位于江海交汇之处，曾经是西方冒险家的乐

「长江口」

园，如今是长江经济带开发开放的龙头。20世纪末，国家实施浦东开放战略，把上海建成国际经济、金融、贸易和航运中心，给大上海的发展带来新的飞跃。

江河是大地的血脉。长江奔流不息，6300千米长度，5400米落差；东西横贯32个经度，南北跨越 11 个纬度；沿途汇入难以计数的支流，集结星罗棋布的湖泊；密布蛛网般的运河，耸立4万座水库。她挽起干流11省域，起舞联袂8省（区），串起长江经济带珍珠链。

长江以博大的胸怀，汇纳百川千流；以奔腾万里的气概，生生不息流入浩瀚的大海；又以与时俱进的开放，参与全球的水循环。

> 在世界所有河流中，长江是当之无愧的大河。论长度，长江仅次于非洲的尼罗河与南美洲的亚马孙河。论水量，长江年径流量9600亿立方米，仅次于亚马孙河与非洲的刚果河。论水能，长江水能蕴藏量2.68亿千瓦，仅次于刚果河与亚马孙河。论水运，长江干流货运量稳居世界内河第一。

浩浩长江万古流，涛声阵阵歌不休。长江之水，激荡中华大地；长江之歌，激励炎黄子孙！

黄金水道天生成

依水而生、因水而兴的长江流域，得益于长江这条黄金水道。尤其在当今，长江经济带新一轮开发建设如火如荼，西部开发、中部崛起、东部率先战略，使长江如龙起舞。长江不愧为中国黄金水道，航运与水电就是依据。

长江航运的发轫可以追溯到新石器时代中期。7000年前，先民就“刳木为舟”，开启了原始的航程。《周易》云：“伏羲氏刳木为舟，剡木为楫。”南船北马说的也是中国古代的交通运输方式，南方以船为主，北方以马为主。南方气候湿润，降水丰富，地表河网密布，适水的船舶运输便应运而生。西周初期长江最长支流汉江的航运已相当发达，春秋战国时长江干支流的水运得到更大利用。南北朝以后，南方经济快速发展，特别是唐宋以后，中国经济中心逐步从北向南转移，长江中下游河网地带又是富饶之乡，这便加速了水运的发展与长江流域经济的繁荣，甚至支撑了封建帝国的运转。

公元 763 年春，52 岁的杜甫寓居四川。听说官军收复了安史叛军老巢蓟北（今河北东北部），他欣喜若狂，马上计划回家的路线：“即从巴峡穿巫峡，便下襄阳向洛阳。”此时万里长江在诗人心里如同坦途。自古以来，长江就是中国东西部商贸交通的主通道，特别是在现代交通方式还没有出现之前，水路的功能无法替代，直到现在依然举足轻重。

「畅通的长江航道」

长江是中国最重要的通航河流，客货运输密集，还通过京杭大运河与海河、黄河、淮河、钱塘江等四大水系连通，构成了中国巨大的内河航运网。长江也是中国海岸线的延续，接南纳北畅东西的长江支撑着中国经济社会向前发展，也引来了世界各国的海船进江运输，使长江流域成为中国乃至世界内河航运最为发达的水系。

目前，长江水系航道以干流为轴，自上而下大体可分为上、中、下游三个片区，形成相互联系的航道网。三大片区的航道网蔚为大观，上连西南，下通东海，分别形成了以重庆、武汉、南京、上海等为中心的南北辐射、干支直达、江海畅通的水运网。在上游，各支流大体南北而来，汇入长江。三峡建库后，水库回水直抵重庆，在高山峡谷间形成了一条流动的高速路，还极大改善了两侧支流航道条件，使库区航运持续快速增长。在截至2010年底，长江水系拥有通航里程88665千米，规模居世界内河水系第一，其中Ⅲ级及以上航道6064千米，占总里程的6.8%。

中游，“一江两湖”真诚对话，不论是“衔远山，吞长江，浩浩汤汤，横无际涯”的八百里洞庭，还是“芦荻渐多人渐少，鄱阳湖尾水如天”的淼淼鄱阳，都是引人入胜的地标美景。大江大湖，国之经脉，“两湖”连通长江，又与其他支流、湖泊形成了庞大的中游航道网。在下游，河港沟汊密布，航线众多，是长江水系航运最发达的地区。长江三角洲地区正是凭借这纵横交错的航道网，成为中国经济率先发展和最为富裕的地区。

除等级航道外，长江水系还有48179千米等外级航道。长江干线航道从云南水富到长江口，通航里程2838千米，除云南水富至四川宜宾30千米为Ⅴ级航道外，其他河段航道等级均在Ⅲ级以上。2010年，长江水系内河货运量和货物周转量分别占全国内河运输总量的75.3%和78.0%。

近年来，国家加大了对内河航运的投入力度。按照“深下游、畅中游、延上游、通支流”的建设方针，长江水系航道建设不断深入。长江口深水航道工程的实施，使下游河段海轮航道通过能力大幅提高，现在12.5米的深水航道已从长江口上溯至太仓，延伸至南京的整治工程正在实施；长江中游大规模的航道整治工程也在紧锣密鼓地进行；长江上游航道建设成果正在逐步显现。

长江流域内的国家高等级航道包括“一横十线一网”。“一横”即长江干线；“十线”包括岷江、嘉陵江、乌江、湘江、沅水、汉江、江汉运河、赣江、信江、合裕线等；“一网”即长江三角洲高等级航道网，由京杭运河、杭甬运河、申张线、通扬线、芜申线、苏申内港线、苏申外港线、长湖申线等航道组成。到2020年左右，国家高等级航道网将基本建成，这样，长江水系航道网将上下贯通，左右连通，江海直通，长江航运业发展将更加畅通、安全、便捷、绿色。

经过多年的建设与发展，长江水系拥有港口1000多个。其中国家级主要港口22个。长江流域已基本形成以主要港口为骨干、地区重要港口为基础、其他港口为补充，层次分明的港口系统，以集装箱、石化、煤炭、矿石和通用件杂货等大宗货物运输为主体的运输格局。重庆、武汉等区域性航运中心加快建设，上海国际航运中心建设效果显著。目前，上海港已是世界第一大港，此外还有重庆、岳阳、武汉、南京、镇江、江阴、泰州、苏州、南通、湖州和嘉兴等10个亿吨大港。截至2011年底，长江干线共有生产性码头泊位4036个，其中万吨级泊位389个。

「长江亿吨港口」

至2010年末，长江水系运输船舶保有量约15.54万艘，净载重量约1.29亿吨。与以往相比，长江水系船舶技术状况大为改观，船舶大型化、标准化、专业化趋势明显，2011年长江干线运输船舶平均吨位达到1000吨以上。随着国家逐步推行内河船型标准化，新的更加高效的船型逐步研发，长江运输船舶更加节能环保、美观经济，这给长江航运又增添了新的动力。

受益于中国经济持续快速发展，加之航道、港口条件改善，长江航运发展迅猛。2012年，长江干线货运量达到18亿吨，稳居世界第一，远远超过美国密西西比河和欧洲莱茵河，在流域经济发展中的地位和作用越来越强。

长江流域水量丰沛，年平均降雨量约1100毫米，天然总落差5400多米，蕴藏着丰富的水力资源。中国13大水电基地中有6个分布在长江流域，它们分别位于金沙江干流、长江上游、雅砻江干流、大渡河干流、乌

水能是清洁可再生的绿色能源，大力发展水电是低碳经济发展的客观要求。长江流域是中国巨大的绿色能源宝库，与其他大江大河相比，长江流域水力资源丰富，地理位置适中，其作用远远超出本流域范围，影响了大半个中国。

江和湘西。在未来一二十年里，长江流域或成中国水电建设的主战场。根据 2003 年完成的水力资源复查，长江流域水力资源理论蕴藏量 2.8 亿千瓦，年可发电量 24336 亿千瓦·时，约占全国水力资源蕴藏总量的 40%，理论蕴藏量 1 万千瓦及以上的河流共 1697 条。在当前技术水平下，长江流域可开发装机容量约 2.6 亿千瓦，年发电量 11879 亿千瓦·时，约占全国总量的 48%。

长江流域的水力开发始于 100 多年以前。1910 年 7 月，在云南昆明附近，石龙坝水电站开工兴建。这是长江流域也是中国大陆第一座水电站，此后一批小型水电站相继兴建，至 1949 年共 41 座。

「长江三峡水利枢纽工程」

新中国成立后，加快了长江水力开发。1970 年 12 月 30 日，位于湖北省宜昌市三峡末端的葛洲坝工程开工，这是长江干流上第一座大型水电站，也是世界上最大的低水头、大流量、径流式水电站。1994 年 12 月 14 日，举世无双的三峡工程开工，这是世界上规模最大的水电站，其装机容量远远超过世界第二的巴西伊泰普水电站。

近年来，长江水电开发进入了快速发展阶段。至 2007 年，长江流域已建、在建大中小型水电站共约 1.45 万座，装机容量约 1.32 亿千瓦，年发电量约 0.57 万亿千瓦·时，总装机规模为新中国成立前的 1 万倍。作为各地区电网的骨干电站，这些水电工程产生了巨大的发电效益，并在防洪、航运、灌溉、供水、水产等方面发挥了巨大的综合效益。

“长江滚滚向东流，流的都是煤和油。”从理论蕴藏量上说，长江每年流入东海的水力资源相当于 13 亿吨原煤。从当前技术水平来讲，经济可开发量约相当于 6 亿吨原煤。从环保角度看，这相当于每年可减少 6 亿吨燃煤的排放量。长江蕴藏的巨大水力，正不断转化为强大的电能，输向四面八方。长江水能的利用有力地改善了中国能源结构，支撑了中国政治、经济、文化、社会可持续发展。

黄金水道天生成，是就长江水系自然形成而言，是就长江“先天”优越条件决非人力可为而言，但实际上，从天然之水到为人所用，“黄金水道”需要大量“后天”投入。新中国在长江的开发、整治和建设等方面，投入了巨大的人力、物力和财力，正是这种巨大投入才使“黄金水道”流金淌银，名副其实。这正是水对两岸子孙的恩赐，也是两岸子孙对长江的尊重。

长江水，让人联想到透彻与深沉，让人联想到奔腾与闲适。一滴水，从小小的溪流开始，慢慢成长壮大，成为大江大河。大自然的鬼斧神工，成就了长江夺人心魄的壮美。青峰耸立，云帆点点。江水滔滔，号子阵阵。激情与缠绵交织的长江水吞古纳今，连载岁月曲折的往事，承载神州美好的未来。

上善若水育文明

水是生命之源。远古的人们千里跋涉，逐水而居，江河及其两岸便是衣食之源。纵观世界历史，古代文明的发祥地无不与河流息息相关。古埃及文明的孕育地有尼罗河，古巴比伦文明的孕育地有幼发拉底河与底格里斯河，古印度文明的孕育地有恒河、印度河，中华文明的孕育地则有长江与黄河。可以这样说，是伟大的河流孕育了伟大的文明。

长江流域为人类居住时间最长的地区代表。重庆巫山县龙骨坡发现的巫山人，距今约 204 万年，撼动了“人类起源非洲论”。其后，陆续发现有建始人、元谋人、郧县人、南京人、和县人、巢县人、长阳人、桐梓人、丽江人、资阳人……他们散布在长江流域，生息在长江流域。从古到今，长江都是世界上养育人口最多的大河，这注定了长江流域是一片热闹非凡的土地。

距今 5000—7000 年前，长江流域进入史前文明时期。重庆巫山大溪文化、湖北屈家岭文化、江西万年仙人洞以及流域周边的浙江河姆渡等文化遗存的发现，集中反映了新时器时代长江文明的高度。仙人洞遗址发现的稻植硅石，把世界水稻栽培种植历史提前了 1 万年，成为目前已知世界农业文明离不开江河的哺育与滋养。长江流域江河密布、水量丰沛，尤其是成都平原、江汉平原、洞庭湖区、鄱阳湖区、太湖地区更是如此，自古以来就是粮食主产区。

「诸葛亮故居南阳隆中」

最早的水稻栽培稻起源地之一。河姆渡文化遗址的发现，将中华民族五千年的文明史向前推进了一两千年。

三国时期有名的“隆中对”所说的江东、荆州、巴蜀、益州全属于长江流域并且都是“粮仓”所在之地，这些粮仓正是长江流域农业条件适宜、起源甚早、水平甚高的标志。

夏以前，黄帝与炎帝之战、共工与颛顼之战，以及以后的禹征三苗，促成了长江文化同黄河文化的交流与发展。商代，长江流域上中下游都出现了若干文化区。春秋时期，生活在长江流域的先民，创造了极具特色的地域文化，如上游的巴蜀文化、中游的荆楚文化、下游的吴越文化。它们的产生与发展，与长江流域物产富饶，水系发达，径流充沛密切相关。这些条件为远古先民们生息、劳动和从事文化活动提供了充分的“养分”。

秦汉时期，长江流域社会相对稳定，北方大批流民涌向南方，为发展长江流域经济和文化提供了人力、智力。此时，长江文化同黄河文化有了更为广泛的交流和整合，并逐渐形成自己的特色。

西汉时期，汉武帝经营西域，也着意经营南方。他统一两广一带，在云、贵设置郡县，大大促进了南方的开发。他实行“罢黜百家”、“独尊儒术”，对长江文化产生了巨大的影响。东汉末年，北方战乱频繁，导致中国历史上第一次大规模的人口由北方向长江流域迁徙，给长江流域经济文化发展提供了极好的机遇。随后，建于长江流域的蜀汉政权、孙吴政权与中原的曹魏政权三足鼎立达半个世纪之久。相对稳定的政治格局，使长江流域经济文化得到一定发展。

晋灭吴后，中国重新出现统一局面，呈现一片繁荣景象，但时间很短。西晋年间（公元265—316年），发生了历时16年的“八王之乱”，司马氏同姓八王先后为争夺中央政权而爆发混战，最终是东海王司马越夺取大权。永嘉年间（公元307—313年），又发生了“永嘉之乱”，匈奴攻陷洛阳，掳走怀帝。由此引发90万北方移民南迁，南北经济文化大转移，长江流域在中国的地位和作用迅速上升。

西晋末，晋元帝渡江，在建康（今南京）建都，中原士族相随南逃，史称“衣冠南渡”。

于是，全国政治和文化中心南移，中原先进生产力南移，南方文化与中原文化也随之相互交融。长江流域丰富的自然资源优势得以充分显现，一个发达的农业经济区迅速成长。

此后，长江流域逐渐成为汉族正统政权赖以生存的地区，黄河流域变为各少数民族和部分汉族政权的所在地，这就演变成南北割据的态势。长江南岸的建康作为六朝都城，推动了江南经济、文化的发展，也促使了中国封建社会经济、政治、文化重心南移。

隋朝的建立，结束了数百年的分裂局面，形成了中国历史上继秦之后的又一个大一统时期。京杭大运河的贯通，更加促进了中国经济文化的交流与融通。这之后，长江流域经济持续向好，但政治中心的北徙，文化中心也迁至黄河流域。唐代，中国经济文化空前发展，创造了封建社会的辉煌。天宝十四年至宝应元年（公元755—762年）发生的“安史之乱”，使黄河流域经济文化元气大伤，统治者逐步把经营重点放在南方，这再一次为长江文化的发展提供了契机。

宋代，长江流域经济已超过北方，江浙成为中国经济最发达的地区。经济的发展带动了文化的繁荣，特别是宋室南迁后，长江流域经济文化进一步发展。季羡林说，这是继“永嘉之乱”后的第二次“衣冠南渡”，其意义无比重大。此时的中外文化交流也蓬勃发展。长江文化不仅影响着邻近的朝鲜、日本、越南等国家和地区，而且还以强大的辐射力，传播到欧亚大陆及非洲等更远的地方。火药、指南针、活字印刷术的传播，影响和推动了世界文明。

元朝建立后，草原游牧文化开始对汉农耕文化产生冲击。元代政治中心在北方，而京城的经济供给却仰赖于南方。《元史·食货志》称：“元都于燕，去江南极远，而百司庶府之繁，卫士编民之众，无不仰给于江南。”长江中下游成为长安、洛阳、开封、北京等京师漕米、布帛的主要供应地。“湖广熟，天下足”，“东南财赋”与“西北甲兵”共同构成元明清各朝赖以生存的两大支柱。

明代，长江流域经济文化继续发展，已跃居中国前列。明初建都南京，后迁都北京，但在经济上仍然依赖南方。随着经济社会的发展，生产力水平的提高，资本主义的萌芽已在明代中后期出现在长江中下游商品经济发达的地区，长江流域文化也在发展中产生了相应的变化。

清初，统治者为强化统治，对汉族进行了残酷的镇压，长江流域许多地区都是“官虽设而无民可治，地已荒而无力可耕”。康熙朝开始实行怀柔政策，生产恢复正常，社会渐趋安定。再经雍正、乾隆朝几十年治理，终于出现经济繁荣、社会安定的局面，史称“康乾盛世”。此时，长江流域经济文化已稳居全国领先地位。清代后期，落后的生产关系、激烈的社会矛盾，阻碍了生产力的发展，造成国势大衰。当时，世界上许多国家已进入资本主义社会，中国已被远远甩在后面。

在中华民族实现文化自觉的历史进程中，长江文化有着开榛辟莽之功。近代以来，长江及其支流成为西方文明传入的渠道，西方文明深入沿江大中城市以至中小市镇，为中国近代工业、交通、商业、金融、邮政、文化教育、医疗卫生、公用事业、城市建筑等较快发展注入了新的活力。鸦片战争爆发后，中国进入半殖民地半封建社会，长江文化经受着外敌的空前挑战，经受着近代资本主义文化

「武昌辛亥革命广场」

的强烈冲击。但在这样险恶的时代条件下，长江文化仍然慷慨激昂地迸发出“变法图强”、“保国保种”的时代强音。辛亥革命在武昌爆发，促成了菲律宾之后的亚洲第二个共和国，也是第一个长期存在的共和国的成立。中国共产党创立于上海，开启了中国革命的新篇章。中国共产党早期的领导人主要来自长江流域，中国新民主主义革命时期的早期革命根据地主要集中在长江流域，中国现代史上不少重大革命活动和历史事件也都发生于长江流域。长江文化在中华民族的文化自觉，在中国文化走向世界、走向现代化的伟大变革中，始终充满蓬勃的朝气和创新的活力。

> 长江之水刚柔并济，长江文化博采众长，滋养中华儿女，繁育华夏文明，在世界文明史上熠熠生辉。

长河历史写新篇

「云南元谋人博物馆」

长期以来，一说起中华文明，人们往往更多地会想到黄河，认为长江文明要比黄河年轻得多。从204万年前的巫山人、200万年前的建始人、170万年前的元谋人、100万年前的郧县人等的考古发现，到近些年来长江流域不断发现的史前文化遗存，表明长江与黄河同样古老，同是中华文明的摇篮。

出四川广汉三四千米，有三座突兀的黄土堆，这就是三星堆文化遗址。1929年春，当地农民燕道诚在宅旁挖水沟时，发现了一坑精美的古代玉器，三星堆文化从此撩开了神秘的面纱。1986年，三星堆商代大型祭祀坑被发现，上千件稀世之宝出土，轰动世界。考古学家在这批出土物中发现了许多光怪陆离、奇异诡谲的青铜器，如青铜大立人、青铜面具、青铜神树，均堪称旷世神品。以流光溢彩的金杖为代表的金器、满饰图案的边璋为代表的玉石器，亦多属稀世之珍。

「三星堆遗址出土的青铜面具」

三星堆文化上承古蜀宝墩文化，下启金沙文化，前后历时约 2000 年。三星堆遗址是迄今在中国西南地区发现范围最大、延续时间最长、出土文物最精美、文化内涵最丰富的史前文化遗址，也是 20 世纪人类最伟大的考古发现之一。它把古蜀文化历史前推了 2000 年。国际媒体和研究者将这次发现与古埃及、巴比伦、古希腊、玛雅文明相提并论，称为“世界第九大奇迹”。

同样，2001 年金沙遗址的发现也让人震撼。

金沙遗址是中国进入 21 世纪第一项重大考古发现。它与地理位置相近的三星堆遗址一脉相承共延续了 3000 多年。两个遗址的发掘，可谓“一醒惊天下”！在金沙遗址的出土文物中，金器、玉器、石器、陶器、青铜器、象牙器等应有尽有，其中金面具与广汉三星堆的青铜面具在造型风格上基本一致，其他各类金饰则为金沙特有。叩问广阔的成都平原：蜀地先民在这里还留下什么地下宝藏？

> 长江中游古文化遗址十分普遍，以江汉平原分布为密。仅湖北已发现的新石器时代遗址就有 450 多处，其中已经发掘和试掘的有 60 多处，尤以盘龙城遗址和熊家冢为代表。

「武汉盘龙城遗址」

盘龙城遗址位于武汉市黄陂区滠口镇，因被盘龙湖环抱而得名。盘龙城是中国商代遗址中保存最完好的一座城址，也是目前所知长江流域的第一座商代古城，距今 3500 多年，城邑和宫殿遗址壮观齐全，遗址、遗物、遗骸明显反映了奴隶社会的阶级分群。遗址城内东北部为宫殿建筑群，城外四周分布着手工作坊、民居点和小型墓地。盘龙城遗址出土的铜圆鼎、铜锁、铜提梁卣和玉戈等，是中国文物中极为罕见的珍品。其灿烂的青铜文化，较发达的农业、手工业、商业以及完备的城邑形态和功能，对研究城市文明发展史具有极高的学术价值。

熊家冢位于楚故都纪南城遗址西北，其发掘现场距荆州城 45 千米，地处川店镇宗北村与张场村，是迄今所见东周时期规模最大、规格最高、布局最完整、保存遗迹最丰富的楚国特大型贵族墓地，也是春秋战国时期楚文化的杰出代表。墓地主要由主冢、陪冢、殉葬墓、车马坑以及祭祀坑、主冢飨堂与回廊建筑遗存等 6 部分组成。其中，主冢长宽均为 67 米，规模为楚墓之最；主冢有殉葬墓 92 座，分四行排列，气势恢宏；陪冢有殉葬墓 40 多座。特别是在主冢西南面有车马坑 40 余座，其主车马坑长达 130 多米，呈两排排列，全国罕见。目前，已发掘了 41 座殉葬墓、6 座祭祀坑、6 座马坑、5 座小型车马坑，大车马坑已揭露出 43 乘车共 164 匹马，其中属于“天子六乘”的车马就有 3 乘，出土了以玉器为主的各类精美文物 2200 多件套。“北有兵马俑，南有熊家冢”。熊家冢规模宏大的主冢、阵容豪华的车马坑、身份显赫的墓主、阔绰的祭祀场景，可与陕西秦始皇兵马俑匹敌。

秦朝的“焚书坑儒”，使春秋战国时期的历史记载几乎绝迹，我们对这段历史的了解主要依靠考古发现。荆门郭店楚墓出土的竹简《道德经》等典籍，改写了中国思想史；曾侯乙编钟、编磬及钟架笋梁、编钟配件和磬匣上的铭文，揭示楚国及属地乐学的发展水平。

长江下游的文化代表有河姆渡文化、马家浜文化和良渚文化等。位于杭州湾附近浙江余姚的河姆渡文化遗址虽不在长江流域，但深受近长江文化之影响，这里出土珍贵文物约 7000 件，有成堆稻谷稻壳遗存和大量骨耜，证明这里的先民已脱离火耕，开始用骨耜翻地并栽培水稻；有大片木构建筑，出现了榫卯结构，是迄今已知最早的干栏式木构建筑。良渚文化距今 4200—5200 年，在良渚文化遗址发现迄今年代最早的石犁，表明耕作技术和效率有了很大的提高。近年，在良渚文化中心区浙江余杭良渚镇，还发现了面积达300万平方米的巨型城址，城墙基部宽40~60米，而筑城的石块、黏土都是从别处运来的。据估算，这项工程要动用1万名劳动力，费时4年才能完成，可见当时社会顶端者已具备相当的动员、组织和管理能力。

中华文明主要是由南北二元耦合的，北方以黄河文明为标识，南方以长江文明为表率。从始祖上，其代表有南炎北黄之说；从艺术上，其代表作有南《离骚》北《诗经》之说；从学术主流上，有南道北儒之说；从衣料上，有南丝北皮之说。但长期以来，长江文明与黄河文明却是一“冷”一“热”，究其原因，一是政治中心的“位差”，即历史上中国政治中心大都在黄河流域，政治文化影响到历史文化；二是考古发现的“时差”，即长江流域考古发现相对滞后；三是研究者的“视差”，即由“位差”与“时差”影响到研究者的认识。

考古发现是还历史真实面目的最有力的依据。新中国成立以来，特别是20世纪80年代以来，长江流域诸多的考古发现促使人们对长江文明的成就、特色和地位作出新的思考。季羡林先生曾为此奔走呼号，撰写了题为《中国古史应当重写》的文章，指出长江流域古文化，至少可与同期的黄河文化并驾齐驱。1997 年，他又撰《中国历史必须重写》一文，再次强调了这一观点。

显然，重新思考长江文明，从整体上认识长江文明在中华文明史上的地位和作用，对于探索中华文明的起源、文化的演进，对于把握长江的历史与现实、政治与经济、民族与文化，等等，都具有重要意义。

圣美源头

茫茫雪域，圣美神秘。唐古拉山抵天极，各拉丹冬玉露滴。众水归滩，沱沱正源东去；当曲南来，楚玛尔河北依。藏冰卧雪，草甸泉溢；旷野繁星，碧空云低。黑颈鹤翔隆宝，雪莲花开瑶池。通天河清，玉树巴塘三水会；金沙浪涌，惊雷驰电奔腾急。冰川纵横孕激流，湖沼密布荡涟漪。

经幡飘舞，汉藏并蒂。通天渡口，钢丝缆绳系木船，老龟皮筏俱往矣；晒经台旁，七孔钢筋水泥桥，天堑飞越通途起。青稞酒，酥油茶，高原红遍；转经筒，玛尼石，佛光印记。格桑绽放，冰塔林立。贝纳沟静，小河鱼簇簇；文成庙盛，高原情依依。唐蕃古道越千年，茶马铃声传万里。

天路入云，骏马添翼。雄鹰翱翔，青藏如意。越莽莽昆仑，闯生命禁区，驰骋世界屋脊；穿可可西里，串万舦明珠，唤醒洪荒记忆。瀚海轮台连关陇，春风玉门映虹霓。日月山下，旌旗招展；不冻泉畔，藏羚奋蹄。哈达舞，月琴奏；云水浩，神山霁。长江之歌嘹亮起，雪域东海开天地！

神秘源头撩面纱

长江源远流长，哺育中华儿女，滋润神州大地。然而千百年来，母亲河源自何处，却像一个巨大问号悬在中国历史上，中华儿女为之魂牵梦萦，不停探寻。

早在战国时期，《尚书·禹贡》中就有“岷山导江”说，即认为岷江是长江之源。这种说法持续相当一段时期。汉魏时，金沙江仍被当成长江支流，史称“绳水入江”。

公元1639年，徐霞客溯江而上，把长江上源标注在金沙江。他“燃松拾穗，走笔为记”，撰写《江源考》，根据中国山脉大势与江河源流的关系，断定长江发源于昆仑之南，纠正了“岷山导江”说，明确提出“推江源者，必当以金沙为首”。

66年后，康熙皇帝命探查队考察，结果将目光停在金沙江之上的通天河，得出“江源如帚，分散甚阔”的描述。考察成果被编入第一本中国地图集《皇舆全图》。

清末民初，国内外一些学者和探险家对长江源头进行了一些考察，但都未获全功。直到20世纪70年代中后期，长江流域规划办公室组织两次科学考察，才终于确定沱沱河为长江正源。

这里雪峰矗立，无路、高寒、缺氧，跋涉艰难有如登天。这里天蓝水净，伸手可触白云。江河在高原上流淌，湖泊在阳光下闪耀，草甸在微风中摇曳。在震撼与感叹之间，长江源头的面纱终于揭开：唐古拉山脉主峰海拔6621米的各拉丹冬雪峰深处，就是这里！

「唐古拉山脉」

这些冰峰宛若一群身披银甲的武士，威风凛凛地守卫这方宝地。雪山东面山脚下，有一种奇观被称为岗加曲巴，这就是银光闪闪的冰塔林。在光照、风化、水流的作用下，冰川尾部的冰舌形成冰桥、冰针、冰钟乳、冰蘑菇等壮丽景观。不用造型师，不用雕琢，冰雪自然形成千姿百态的冰塔世界。有的犹如水晶塔，高耸林立；有的犹如“冰房”，挂着“冰帘”。阳光照射下来，冰柱闪动，五彩缤纷。穿行其间，好像置身于神话中的水晶宫，让目睹它的人们慨叹想象力的贫乏。

各拉丹冬雪山位于青海格尔木市唐古拉山镇，山势巍峨，冰峰簇拥，冰塔林立。

青藏高原上的冰川有“亚洲水塔”之称，这里是水的世界。昆仑山、可可西里山、巴颜喀拉山、阿尼玛卿山、唐古拉山等在青藏高原起起伏伏，银装素裹。高山冰雪融化后，汇流成哺育中华民族的大江大河，形成中国最重要的水源地，长江、黄河、澜沧江的源流都出于此，长江水量的25%、黄河水量的49%、澜沧江水量的15%都来自这一地区。

问渠哪得清如许？为有源头活水来。河流从雪山冰川那里获得自己的生命。随着全球气候变暖，青藏高原冰川正在加速消融。数百年以前，姜根迪如冰川南北两支的末端曾连在一起，但这种奇观已经不复存在。两支冰川逐年退缩，相互分离，近30年间已后退600米。雪山冰川这片圣土，把清凉赐予人类。守护冰川，保护环境，是人类共同的责任。

茫茫雪域孕激流，浩浩冰川化绿洲。当曲、布曲、尕尔曲、北麓河、楚玛尔河等40多条支流，雀莫错、葫芦湖、玛章钦错、多尔改错、特拉什湖等2000多个湖泊，集合在这里，汇聚最初的能量，给母亲河壮行。

沱沱河水在满布砂砾的河滩上时分时合，如发辫般散乱飘逸，形成了长江最初的水源。白天，淡淡的云，蓝蓝的天，静静的水，沱沱河呈现出古朴苍凉的空旷之美，像一幅写意山水画，让人沉浸于对远古时空的追溯；傍晚，夕阳将灿烂的光辉洒在宽阔的河床上，浮光跃金，犹如笔触豪放、色彩浓重的油画，在朦胧中显现深沉与神秘。

途经沱沱河的青藏铁路，被誉为天路，东起西宁，南至拉萨，全长1956千米，是世界上海拔最高、冻土路程最长的高原铁路。

「“长江源”纪念碑」

青藏铁路线上，高大的彩色碉楼守护着沱沱河长江源大桥。江泽民题写的“长江源”纪念碑就立在唐古拉山镇沱沱河畔。纪念碑高2.5米，花岗岩材质，面向东方。

碑影在清冽的河水中粼粼跳动，而沱沱河静静流淌一如远古，细流交织，银光闪烁，尽显原始纯净，圣洁神秘。

如果说沱沱河的美深沉内敛，那么通天河的美则雄姿英发。沱沱河与当曲汇合后称通天河，古称“牦牛河”。通天河长828千米，穿行于唐古拉山脉和昆仑山脉的宽谷之中，是长江进入横断山脉的第一段。

通天渡为通天河的汹涌霸气增添了成色。通天渡是唐蕃古道上著名的古渡口，地处青、川、藏交界地的直门达峡谷。这里地势险要，风光绮丽，自古为青海通往西藏的必经之路。

通天河大桥旁，三江源自然保护区纪念碑巍然耸立。构成碑体的56块花岗岩，象征中国56个民族。而碑体上方两只巨手，象征人类保护“三江源”。

通天河南岸，晒经台饱经风雨，默默凝视滚滚逝水。这里礁石漆黑如墨，似利剑露出江水，直指苍穹；岸边坡地上，古柏苍松昂首挺立，满树经幡迎风飘扬。江阔云低，鹰鸣浪卷，斑驳的晒经台仿佛仍在等候大唐的佳音。

「三江源自然保护区纪念碑」

逝者如斯夫。通天河依旧奔流不息。过去，“通天”二字给人的印象是艰难险阻，望洋兴叹；而今，“通天”让人想到的是海阔天空，自由翱翔。

高原的风，穿越峡谷、掠过草

场、拂动经幡，把高原特有的声音从远处一阵阵传来。它是大自然的呼唤，远古的回荡，犹如天籁，聆听这交响，不能不引起思古之幽情。

唐蕃古道是1300多年前唐朝和吐蕃交往的要道，起点为唐都长安（今西安），终点为吐蕃都城逻些（今拉萨），穿越今陕、甘、青、藏，全长3000多千米，其中一半以上路程在青海境内。7世纪初，吐蕃王朝崛起于青藏高原。贞观十五年（公元641年），唐蕃联姻，唐太宗以宗室女文成公主嫁于松赞干布。唐蕃毗邻，交往愈密。唐蕃古道正是基于当时唐蕃政治、经济、文化需要而开辟的。

文成公主庙也称大日如来佛堂，位于玉树县结古镇贝纳沟，背靠群山，面临溪流，山上松柏苍翠，山下小河清澈，山谷经幡遍野，金色屋顶闪闪发光。

文成公主庙内依地势凿成的文成公主浮雕石像稳居狮子莲花台，仪态端庄秀丽。相传，公主进藏途经此地，当地藏胞隆重欢迎。她深受感动，在此多住了一段时日，向当地群众传播文明。尔后，她亲率工匠在悬崖上开凿佛像、佛塔，并令随从雕刻了大日如来及其八大弟子。1300多年来，文成公主庙香火不断，酥油灯昼夜长明，前来朝拜的汉藏群众络绎不绝，已成为高原圣地。

《格萨尔王传》代表古代藏族文化最高成就。它是藏族同胞集体创作的英雄史诗，描绘主人公格萨尔以惊人毅力和神奇力量降妖伏魔、造福人民，流传千余年，印数过百万，被誉为“东方的荷马史诗”。

「文成公主庙」

青藏高原从远古走来，向未来奔去。“那是一条神奇的天路，带我们走进人间天堂”。藏族儿女高亢嘹亮的天籁之音，把高原今天的美丽、明天的憧憬传遍五洲四海。

江源胜景沱沱河

在青藏高原腹地，像各拉丹冬这样的雪山有很多，但能孕育出长江这样世界级大江大河的，也就只有她了。各拉丹冬雪峰西南侧的姜根迪如冰川，冰塔林晶莹秀丽，冰塔林下水光涟涟，经纬交织，像一张银色大网，在高原上熠熠生辉，上下茫茫，亘古如是。冰舌末端消融剧烈，砾石间流淌的涓涓细流形成了长江最初的水源沱沱河。

长江源区西起祖尔肯乌拉山，东至巴颜喀拉山，在南北对峙的巍巍昆仑山和唐古拉山之间，形成东西长 500 多千米，南北宽约 400 千米，海拔 4500 米以上密网如织的江源水系。这片世界上最高的大河源头，雪山林立，冰川纵横，湖沼发育。许多河流散布于高原，汇聚于沱沱河、当曲、楚玛尔河、通天河等。河水在满布砂砾的河滩上时分时合，形成辫状水系。

沱沱河横贯江源地区中部，南有当曲，北有楚玛尔河，形成长江的三源。

南北两源并先后从两侧汇入，形成长江上游通天河的主要源流。沱沱河长 346 千米，流域面积 1.76 万平方千米，气候高寒，是纯牧区。

沱沱河源流有东西两支，东支出于姜根迪如雪山下的冰川，西支源自尕恰迪如岗雪山西侧，两河汇合后称纳欣曲。在下行于右岸纳入切美曲后才称沱沱河。源流处多是一些冰川、冰斗的融水汇成的窄而浅的小溪流，往北在巴冬山下汇集了尕恰迪如岗雪山的冰川融水，出巴冬山后，先经过一片广阔的河漫滩，再经过一条峡谷，流到葫芦湖附近，急转东去。河道再往下就变得开阔起来，流到沱沱河沿时，已显大河的气象了。继续向东，到囊极巴陇与当曲汇合后而称通天河。

沱沱河出源不远，有一个咸水湖，即又名祖尔肯湖的雀莫错，位于祖尔肯乌拉山南侧，沱沱河东侧。它是沱沱河流域仅次于多尔改错的第二大湖泊，面积 88.2 平方千米，南北长约 12 千米，东西宽约 8 千米，水面高程为 4923 米。湖中有个名叫巴日苟啥布栽的小岛，海拔 5032 米，面积约

「沱沱河」

4.7 平方千米。雀莫错已与沱沱河隔断，是源区最大的内流湖。湖的南侧有夏里陇巴、波尔藏陇巴、鄂尔托陇巴和夏里玛日角曲等小河注入，形成面积约 679 平方千米的内流区。湖的东北侧有圆锥形的雀莫山耸立，高出湖面 922 米。雀莫错和雀莫山是长江源区的一个重要地标，雀莫错面积相当于 10 多个杭州西湖；雀莫山在湖边拔地而起，海拔 5845 米，山体呈圆锥形，山顶却是圆的，酷似火山口，雪线以上的顶峰，积雪终年不化。雄伟奇特的雪山与湛蓝的湖水交相辉映，构成绝世美景。

南源当曲长 352 千米，流域面积 3.09 万平方千米，是长江三大源流中流域面积、水量最大的河流，源出唐古拉山东段霞舍日阿巴山东麓。这里沼泽连片，泉群密布，地下水源丰富。从高空往下看，汪汪水潭星罗棋布，在阳光照射下银光闪烁，灿若繁星。当曲的源流形成后，由西北折向东北，与沱沱河汇合后东流。与当曲源头一山之隔是澜沧江水系的上源，其流向与当曲正相反；再向南，是发源于唐古拉山南麓的怒江。真可谓“登上分水岭，一眼望三江”。当曲有尕尔曲、布曲和冬曲等较大的支流，它们的源头与沱沱河的源头相似，都是一片冰雪的世界。

北源楚玛尔河又称曲麻莱河、曲麻河，长 503.2 千米，流域面积 20970 平方千米，位于青海玉树州西部，“楚玛尔”藏语意为“红水河”。它源出昆仑山南支的可可西里山黑脊山南麓，流经长江源区第一大湖多尔改错，在曲麻莱县以西的楚拉地区注入通天河。流域地形狭长，横卧江源地区北部，其源区北部与西金乌兰湖、可可西里湖等内陆湖区相邻。上游属可可西里的一部分，可可西里与新疆阿尔金、西藏羌塘相连，构成中国最大的无人区之一，也是中国目前大型野生动物分布最多的地区。楚玛尔河两岸是藏羚羊的主要栖息地和迁徙通道。每年夏天，成群结队的待产藏羚羊由昆仑山东部经此向西，进入可可西里腹地卓乃湖、可可西里湖等地。在修建青藏铁路时，为减少对藏羚羊迁徙通道的影响而建了长 2565 米的楚玛尔河大桥，大桥的 78 个桥孔可供野生动物自由通过。

「楚玛尔河」

“上了昆仑山，进了鬼门关；到了沱沱河，不知死和活”，民谚所说的早已是昔日旧事了。今日沱沱河，以世界第三大河源头名扬天下。

海拔4600米的唐古拉山镇是青藏线上的要冲。青藏铁路线上，沱沱河长江源大桥的两端各有高大的彩色守护碉楼。沿途的车站从北到南依次修建了玉珠峰、楚玛尔河、沱沱河、布强格、唐古拉、错那湖等六处观景平台，以方便旅客观赏长江源头风光。

沱沱河静静地流淌着，没有咆哮，没有呼啸，没有滚滚的波涛。放眼望去，只有一望无际的细流交织着，闪烁着，呈现出一种原始美，是那么纯净，那么神圣。雪山、冰川、草地、蓝天、白云，倒映在河水中，构成了十分壮丽的画面。

通天河畔通天渡

沱沱河与当曲汇合后称通天河，东流左纳楚玛尔河后，便一直向东南流。“径过八百里，亘古少人行”，《西游记》中的通天河让人生畏。真正的通天河，如同它的名字一样，既神秘又让人向往。

通天河向东横穿玉树，然后从直门达峡谷进入四川。滚滚通天河，蜿蜿蜒蜒自西向东奔流不息，一路上拐了很多大弯小弯，仿佛恋恋不舍周围的雪山冰川。通天河河床海拔三四千米，分上下两段，自囊极巴陇至楚玛尔河口是属江源地区的通天河上段；过楚玛尔河口后至巴塘河口称通天河下段，两岸山岭渐渐逼近河岸。左岸山岭属巴颜喀拉山，翻过此山，便是黄河源头。通天河左岸有然池曲、北麓河、楚玛尔河、色吾曲和德曲等支流，右岸有莫曲、牙哥曲、科欠曲、聂恰曲、登艾龙曲和叶曲等支流。

青海玉树与四川、西藏紧相毗邻处的直门达峡谷，是唐蕃古道上有名的古渡口，名为通天渡。这里地势险要，却又风光绮丽，自古以来就是青海通往西藏的必经之路。过去，它是通天河的一大天堑。来往频繁的汉藏使者、传经布道的僧侣、求神拜佛的信民，还有其他的旅人，风尘仆仆地奔走于这条古道。渡河，冬天靠冰封架起冰桥，夏天靠牛皮筏子。冰桥光滑，常有人仰马翻。牛皮筏子太轻太小，若遇风浪，它就如一片随波逐流的树叶，其险可想而知。

新中国成立不久，古老的渡口上建造了通天河第一座用钢丝缆绳摆渡的大木船，它代替了漂泊千年的牛皮筏子。1963 年 7 月 1 日，在传说中唐僧师徒西天取经归来晾晒经书的“晒经台”旁架起有史以来第一座七孔钢筋水泥大桥，“通天渡”这亘古天堑从此变为坦途。

从古到今，通天河奔流不息。过去，“通天”二字给人的印象是艰难险阻，望洋兴叹；而今，“通天”二字让人想到的是海阔天空，自由翱翔。

玉树州首府结古镇是一个历史悠久的高原古镇。“结古”在藏语中是“货物集散地”的意思，它是川、藏、滇、青等地交通枢纽，唐蕃古道上交通、军事、贸易重镇，历史上茶马古道的重要节点。这里有富饶肥美的高原牧场、神秘恢弘的佛教文化、丰富多彩的民间文艺。多姿多彩的文化在此交汇、碰撞、融合、传承，被誉为长江源头第一镇。离结古镇不远，晒经台就在通天河南岸的一个江湾处默默注视着滚滚的流水。这里礁石漆黑如墨，似利剑露出江水，直指苍穹；依石的坡地上，古柏苍松昂首挺立，满树经幡迎风飘荡。置身在此，水蓝云低，感觉真的离天不远了，伸手可揽日月。

「通天河大桥」

巴塘河口是通天河与金沙江名字转换的地方。巴塘河又名札曲，意为“从山岩中流出的河”，位于玉树境内，因流经巴塘盆地而得名，发源于格拉山北日阿如东塞以东 4

「玉树隆宝滩国家级自然保护区」

千米处，上段称各曲。源流向北穿过峡谷进入巴塘盆地，纳支流扎巴曲后始称巴塘河。后又进入峡谷北上至玉树结古镇，东流在坎果下2千米处汇入通天河，其河口即为金沙江起点。巴塘河全长约92千米，流域面积2480平方千米，年径流量约8亿立方米。离巴塘河口不远的直门达水文站，是万里长江顺流而下的第二个水文站。巴塘草原风光美丽，巴塘河水蜿蜒流淌。雪山冰川的溶解和山泉的喷涌，构成了巴塘河的每一滴水，汇集成如诗如画的蜿蜒河流，犹如一条美丽的哈达飘然而来又绵延而去。

玉树境内的隆宝滩国家级自然保护区，是青海省第一个国家级自然保护区，海拔4100~4200米，东西长25千米，南北宽426千米，以高原珍禽国家一级保护动物黑颈鹤及其湿地生境为保护对象。另有鸟类5目6科40种，如湖岸草甸上的百灵、云雀、白顶鵖等，种群数量较多的斑头雁、赤麻鸭、绿头鸭、潜鸭、棕头鸥、红脚鹬。还有兽类，主要有藏原羚、喜马拉雅旱獭、高原鼠兔、香鼬、藏狐。这一保护区成立于1986年8月。经过多年的建设，现已成为黑颈鹤的主要栖息繁殖地。当地藏民将黑颈鹤视为吉祥、幸福的神鸟。

骏马添翼看今朝

今日西藏，天还是那么蓝，水还是那么清，但社会面貌、人民生活却发生了翻天覆地的变化。自1951年和平解放以来，短短60多年里，西藏实现了由封建农奴制度到社会主义制度、由封闭贫穷落后到开放富裕文明的历史性跨越，各方面取得了举世瞩目的成就。

目前西藏已建立21个生态功能保护区、7个国家森林公园、3个地质公园、1个国家级风景名胜区以及47个各级各类自然保护区，保护区面积占西藏土地面积的 34.5%，居全国之首。森林覆盖率由 1951 年和平解放时的不足 1%提升到 11.91%，保护湿地达 100 余万平方千米。

最新环境公报显示，西藏水环境、大气环境基本没有受到污染，保持了较为自然的原生状态，位居世界自然环境最好的地区之列。西藏已迈进了一条经济发展与生态保护齐头并进的可持续发展道路。

现在，西藏拥有包括能源、轻工、纺织、机械、采矿、建材、化工、制药、藏医药、食品加工、民族手工业等 20 多个门类、富有西藏特色的现代工业体系；以光缆、卫星为骨干的现代通讯网络，基本实现了乡乡通宽带、村村通电话目标，广播、电视、通信、互联网等现代信息传递手段使西藏迈进了信息化时代；初步建立起以公路、铁路、航空、管道为主的综合交通运输体系，所有乡镇和 80%以上行政村均通公路，通车里程达 5.82 万千米，汽车代替了牦牛和骡马，几十条国内国际航线和横卧高原的铁路把西藏与世界紧紧地联结在一起。

「西藏拉萨布达拉宫」

青藏铁路是中国实施西部大开发战略的标志性工程，线路东起青海西宁，西至西藏拉萨，全长 1956 千米。其中，西宁至格尔木段长 814 千米；格尔木至拉萨段，北起青海格尔木，经纳赤台、五道梁、沱沱河、雁石坪，翻越唐古拉山，再经西藏自治区安多、那曲、当雄、羊八井，至拉萨，长 1142 千米。

青藏铁路所经之地大部分处于高海拔无人区，要克服多年冻土、高原缺氧、生态脆弱等难题。美国现代火车旅行家保罗·泰鲁在《游历中国》一书中写道："有昆仑山脉在，铁路就永远到不了拉萨。"新中国成立后，曾动用 4 万多峰骆驼组成大型驮队向西藏运输物资，平均每行进 1 千米，就要消耗掉 12 具"沙漠之舟"。

1919 年，孙中山先生在《实业计划》中，就提出了西北铁路、高原铁路的宏伟设想。毛泽东主席也一直关心着这条铁路的建设。国家有关部门在20世纪50年代中期就着手研究进藏铁路建设问题。1958年9月启动了青藏铁路西宁至格尔木段的建设，同时对格尔木至拉萨段开始大规模勘测。1979年，西宁至格尔木段铺通，1984年正式投入运营，这称为青藏铁路一期工程。经历了长久的等待后，格尔木至拉萨的二期工程于2001年6月29日动工开建，2005年10月12日全线铺通，2006年7月1日全线开通试运营。

高路入云端，天险变通途。伸向云端的路轨，如同大动脉把边疆和内地联系在一起。它突破了生命禁区，穿越莽莽昆仑，飞架裂谷天堑，叩醒了尘封已久的荒原；它途经青海湖、昆仑山、可可西里、三江源、藏北草原、布达拉宫等世界著名的景区景点，带着人们亲近那纯洁美丽的雪域高原。

「青藏铁路」

一直以来，国家高度重视民族优秀文化的传承、保护和发展。藏文学习、使用和发展受到法律保障，独具特色的藏医藏药走向世界，藏学研究事业空前繁荣。政府投入巨资，维修保护布达拉宫、罗布林卡、萨迦寺等文物古迹。西藏传统手工技艺、民间美术、藏戏等76个文化项目已被列入国家级非物质文化保护名录；53位传承人入选国家级非物质文化遗产项目代表性传承人名录。布达拉宫、大昭寺、罗布林卡列入世界文化遗产名录；藏戏《格萨尔王传》成功入选世界非物质文化遗产名录。

风情奇异的雪域、安全便捷的交通、欢腾祥和的民族氛围，吸引了国内外大量游客，拉动了旅游业快速增长。2010年，西藏共接待游客685.2万人次，总收入71.4亿元。西藏正向着重要的世界旅游目的地发展。

2011 年 10 月，青藏直流联网工程投入试运行。这是世界上海拔最高、高寒地区建设规模最大、施工难题最多的输变电工程。主体工程连接青海格尔木和西藏拉萨，全长1038千米。西藏电网与西北主网联网，结束了西藏电网长期孤网运行的历史。这条电力“天路”将从根本上解决长期制约西藏发展的缺电问题。

青藏高原从远古走来，正在加速奔向现代化征程。

龙吟金沙

玉树云飞，金沙浪涌。横断山开，巨龙腾空。连青滇自南北，挽川藏于西东。越高原、走盆地，穿山岭、傲苍穹。擂丽江石鼓，第一弯折转北还；别三江并流，虎跳峡怒波贯纵。西川翠染，雅砻奔流攀枝花；天岭雾开，稻城冰封腾玉龙。宜宾新歌扬帆远，岷江浩荡三军逢。

古道崎岖，茶马归宗。驼铃清脆，汉韵唐风。木府传奇，纳西古乐悠扬；摩梭走婚，泸沽女儿情浓。嫦娥飞天西昌盛，泸山邛海火把红。元谋猿人惊世，渡口花枝葱茏。春城翔鸥，滇池泛舟；三塔倒影，洱海听钟。苍山披雪，大理三月好风光；金花映水，蝴蝶泉边乐无穷。

流金淌银，西电东送。龙盘水、观音岩，能源基地密布；乌东德、白鹤滩，综合开发潮涌。溪洛渡拱坝云端，永善八方电传；一线天飞流玉岭，雷波平川地动。天梯信步，向家坝银河峰海；大江迎春，水富港云帆彩虹。锦屏开，磅礴史诗万里程；鲲鹏展，黄金水道千秋功！

金沙浪急穿山岭

长江流经青海玉树巴塘河口后，始称金沙江。涛涌龙吟的金沙江仿佛从天而降，携带着在高原积攒的能量，急速穿行于崇山峻岭之中，一路呼啸奔腾。

「滔滔金沙江」

金沙折北还，雪岭欲相拦。巍巍横断山，试图阻断金沙江东流去向。面对重峦叠嶂，她没有丝毫畏惧，在高山峡谷间回旋穿行。

金沙江与澜沧江、怒江在云南省境内并驾齐驱数百千米，穿越于担当力卡山、高黎贡山、怒山和云岭等崇山峻岭之间，形成“三江并流”。其间，澜沧江与金沙江最短直线距离66千米，澜沧江与怒江最短直线距离不到19千米。就在怒江、澜沧江继续南流的时候，金沙江却在云南石鼓附近，突然由东南转向东北，形成壮观的长江第一弯。

过了石鼓，金沙江继续向北，直插玉龙雪山和哈巴雪山之间。雪峰对峙耸立，最窄处仅30米，峡中巨石横江，浪花冲天，涛声如雷。相传曾有猛虎仰天长啸，借助巨石一跃过江，虎跳峡威名因此而得。长风穿峡，跌水击石，仿佛还能听到虎啸的回音。落涛天地动，飞瀑鬼神寒，在这举世罕见的大峡谷里，金沙江展现其特有的爆发力和冲击力，劈开东流入海之路。

「长江第一弯」

金沙江两岸接纳了雅砻江、普渡河、牛栏江等支流，分布着泸沽湖、邛海、滇池等湖泊。

雅砻江位于金沙江左岸，发源于巴颜喀拉山，是长江行进途中遇到的第一条大支流。

沙鲁里山是金沙江和雅砻江的天然分水岭；大雪山是大渡河和雅砻江的分水岭。这个广阔而起伏的地区，不但有四川最长、最宽的山系，而且还是四川冰川、湖群最集中的地区，最后的香格里拉——稻城亚丁就位于此。

香格里拉在藏语中含义为“心中的日月”。英国作家詹姆斯·希尔顿所著小说《消失的地平线》使得香格里拉成为西方世外桃源的代名词。第二次世界大战期间，美国飞行员因飞机失事迫降于此。原始美丽的景色使飞行员忘记了惊恐，他情不自禁地赞叹：这真是香格里拉！战后，香格里拉的名气不胫而走。

「香格里拉」

亚丁自然保护区以仙乃日、央迈勇、夏诺多吉三座雪山为核心区，是中国保存最完整的一处自然生态系统。北峰仙乃日海拔 6032 米，南峰央迈勇与东峰夏诺多吉海拔同为 5958 米。三峰相距不远，峰形各异，直冲云天，白雪皑皑。冰川、森林、溪流、草甸，山腰林海茫茫，飞泉瀑布隐约，山脚曲流纵横，湖泊镶嵌如镜。

扎坝大峡谷位于雅砻江一级支流鲜水河流域，在四川道孚县境内。其间高山峭拔，丛林茂密，人迹罕至，谷底的鲜水河形成一个又一个的大回湾。峡谷深处，古老的碉楼似群星点点，与扎嘎神山遥遥相望。这里的居民至今保留着走婚习俗。

扎坝人“走婚”非常奇特，当地人称为“爬房子”。扎坝男子成年后，若相中某个女子，就会抢走其饰物。女子如有意，就会跑开，在深夜打开闺房窗户，等待意中人到来。如不乐意，会向男子要回饰物。男方首次“走婚”时，必须在夜晚爬墙翻窗，进入女孩闺房，清晨离去。如果第一次是从大门而入，会被女方瞧不起而被赶走。也不是所有扎坝男子都是爬墙高手，爬不上去，便只好自叹无缘。

扎坝走婚穿行鲜水河谷，彝族火把映红航天基地。

西昌地处雅砻江支流安宁河中游，是凉山州首府。这里天空明净，月色特别美，有“月城”之誉。西昌是中国卫星飞向太空的起点。从 1984 年 1 月发射第一颗卫星至今，西昌基地已先后将近百颗卫星送入苍穹，创造了中国航天事业的辉煌。“嫦娥飞船”成功发射，把“嫦娥奔月”的神话续写在太空。

火把节是凉山彝族的盛大节日，每年从农历六月二十四日开始，历时三天三夜。每到晚上，千万支火把汇合，形成十里火龙，人山人海，欢声动天，烟花怒放，流光溢彩。各族青年男女载歌载舞，激情燃烧，相识相恋，山水沸腾，掀起阵阵高潮。

滇池洱海也盛产美丽。滇池是金沙江右岸普渡河上游湖泊，位于昆明市西南的西山脚下，山环水抱，天光云影。登临大观楼远眺，可见四围香稻，万顷晴沙。湖区四季美景常驻，早春杨柳簇簇，盛夏荷花片片，深秋渔火半江，隆冬冰雪圣洁。

滇池畔留下英雄故事。1911 年辛亥革命爆发，爱国将领蔡锷发动昆明重九起义，光复云南，后被征召进京。袁世凯欲称帝，对他心生猜忌。蔡锷为麻痹复辟势力，游戏风尘，与名妓小凤仙一见钟情。袁世凯逐渐放松警觉。小凤仙趁机助蔡锷摆脱监视，辗转万里返回云南。1915 年 12 月，袁世凯称帝。蔡锷遂组织护国军武装讨袁，再造共和。功成后次年，蔡锷病故，年仅 34 岁，举国哀悼。

「滇池」

“大理三月好风光，蝴蝶泉边好梳妆”，“苍山雪化洱海干，难折好钢刃”。同在彩云之南，苍山洱海因电影《五朵金花》更闻名遐迩，它的美让人不忍错过。

苍山苍翠，洱海明净，山海相依于大理州境内。洱海为云南第二大淡水湖，因湖形如耳，故得其名。传说在海底生长着一棵硕大无比的玉白菜。碧波盈盈的湖水，从玉白菜心底一滴滴沁涌而出。洱海到苍山之间是一片扇形冲积平坝，田地肥沃、村落相连，崇圣三塔笔立挺拔，素有“风景画廊”之称。

「大理古城」

金沙江循着川滇边界奔涌，在滇西北高原流连。这里有云南第一高峰梅里雪山，有纳西族心目中的玉龙神山，还有“东方女国”泸沽湖。丽江古城宁静自然，东巴文化色彩斑斓，金沙江在这里几度徘徊，留下传奇。

丽江的清晨从洗街开始，水是古城的血脉、眼睛和灵魂。古城街道循水而建，人家临水而居，街面流水冲洗，环境洁净如新。丽江与四川阆中、安徽歙县、山西平遥并称为中国“保存最为完好的四大古城”。作为“城”，它却没有常见的城墙，据说，这是由于世袭土司姓木，若筑墙，“木”字加框则成“困”。丽江居民中纳西族占多数。纳西古乐是东巴文化的音乐代表，被称为“东方音乐活化石”。

古城的北边，耸立着玉龙雪山，这座亚洲纬度最低的雪峰，是古城的活水源头。融化的雪水在山脚下与地下泉水汇聚成黑龙潭，再沿着玉河穿越丽江古城，尔后汇入金沙江。

「丽江古城」

泸沽湖距离丽江约200千米，水域面积有50多平方千米，其中三分之二水域在四川境内，三分之一在云南境内。湖滨有山自东南直伸湖心，将其一分为二。湖东北为一片沼泽，长满花草，湖水漫浸，深处可行船，浅处能放牧，当地人称之为草海；湖西南为亮海，如明镜般透明，波光粼粼，清澈幽深。

摩梭人在这里生活了近2000年，走婚风俗闻名于世。摩梭人“以女为尊，以母为大”，依山傍水而居，房屋用木材垒盖而成，有草楼、经堂、花楼、祖母屋等功能分区。花楼是摩梭人的私密场所，享受爱情的地方。花腰带是成年摩梭女子送给“阿夏”的定情信物。“阿夏”意为亲密伴侣。摩梭女子在跳甲搓舞时寻找“阿夏”。如今，80%以上的摩梭人仍然遵循“走婚”传统。

最后的精彩属于茶马古道。它起始于秦统一六国时，从唐宋至民国，兴货通商，最初以川滇茶叶与西藏马匹互市，后扩展到其他货物。

时代滚滚，金沙滔滔。马帮蹄声渐行渐远，茶马古道铃响古今。百转千回的金沙江，带着丽江玲珑剔透，泸沽女儿多情，一路高歌，不再回头。

今日金沙锦上花

金沙江因盛产沙金而得名，然而在过去，金沙江并没因此而具有黄金声誉。人们提起它，联想到的不是开放、发达、繁荣，而是封闭、落后、贫穷。但这一页早已翻过，人们已重新认识了金沙江。

金沙江流域森林资源非常丰富，是长江流域森林主要分布地之一。尤其是滇北、川西，林木产量高、质量好，被称为“森林王国”。金沙江汹涌澎湃，惊涛骇浪，但又是长江上游珍稀特有鱼类的“乐园”，如四川裂腹鱼、短须裂腹鱼、戴氏南鳅、达氏鲟、胭脂鱼、白鲟，以此为家，其乐融融。这里除有世界自然遗产三江并流外，还有白马雪山国家级自然保护区，云南玉龙雪山、哈巴雪山和四川洛须、竹巴龙等省级自然保护区，有长江第一弯、虎跳峡、石鼓镇等长江上游特有景观、文物、人文资源等。云南丽江老君山还分布着中国面积最大、发育最完整的丹霞地貌奇观。

「玉龙雪山和哈巴雪山之间的金沙江」

金沙江流域蕴藏着多种矿产资源。川滇交界的攀枝花一带是中国高级合金钢的“冶炼带”，不但拥有十分丰富的钒钛磁铁矿，还聚集着煤炭、石灰石、白云石、耐火黏土等矿藏。攀枝花原名渡口，后因遍植木棉即攀枝花而得名。20 世纪 60 年代中期，攀枝花人民在荒无人烟的攀西裂谷建起了一座以钢铁、钒钛、能源、化工等为主，充满活力、独具特色、发展潜力巨大的新兴工业城市。

车轮上的工业基地、钢城、成昆铁路、“死矿”变“宝藏”、钒钛光华、二滩水电站、新兴工业城市，这是人们赞誉攀枝花的七大奇迹。

中国苏铁类植物唯一国家级自然保护区也位于攀枝花。四川攀枝花苏铁国家级自然保护区总面积近 13.6 平方千米，有野生攀枝花苏铁 23.4 万株，是迄今世界上发现纬度最高、面积最大、植株最多、分布最集中的原始苏铁林。苏铁属于最原始的种子植物，大约出现在两亿多年前的古生代二叠纪，被称为植物“活化石”。1996 年 5 月，在攀枝花市举行的第四届国际苏铁生物学会议认为攀枝花大面积的苏铁对亚洲、对世界古植物的研究占有特别重要的地位，是中国人的宝贵财富，也是全人类的宝贵财富。

金沙江流域年径流量 1550 亿立方米，约为黄河的 3 倍；落差巨大而集中，蕴藏着丰富的水力资源，理论蕴藏量 1.124 亿千瓦，占全国水能总量的16.7%，居中国十三大水电基地之首。总计可开发的水力资源为8891万千瓦，富集程度堪称全国之最，在全世界也名列前茅。国务院批准的《长江流域综合利用规划简要报告》表明，金沙江中下游将规划兴建梯级电站 12 座，装机总容量 5858 万千瓦，年发电量为 2632 亿千瓦·时。金沙江汹涌奔腾的水流将转变为清洁、强大的电能输向四面八方，这里将成为中国最为重要的能源中心之一。

「云南水富——万里长江第一港」

金沙江下段南岸的水富，位于云南东北端，扼滇川往来之要冲，素称“云南北大门”，横江在此汇入金沙江。向家坝水电站紧邻水富县城，横江梯级电站开发建设正在实施。水富是长江干线航运的起点，水富港是集高速公路、铁路、航空、高等级航道于一身的门户，也是云南省唯一经长江通往太平洋的出海口岸，有“万里长江第一港”之誉。

雅砻奔涌三千里

茫茫高原，巴颜喀拉山巍然耸立，它的山脊是长江与黄河两大水系的分水岭，雅砻江就发源于巴颜喀拉山尼彦纳玛克山与冬拉冈岭之间，自河源到河口，高程由5400米降到980米，落差4420米。地貌主要是高山高原区，地势由北向南倾斜。上游高原地面波状起伏，中游为高山峡谷，下游属雅砻江断裂带。

雅砻，旧籍或写作鸦砻，又有若水、泸水、打冲江等之称，因酷似金沙江，又有小金沙江之称。

该地江流清澈湍急，挟雪错冰；两岸崇山峻岭，郁郁苍苍。春夏之交，更有繁花盛开，如海如潮，招蜂引蝶，美不胜收。史学家白寿彝（1909—2000年）认为，传说中黄帝后裔昌意自黄河流域南下“降居若水”，这个“若水”就是雅砻江。彝族称黑为“若”，“若水”即黑水，包括金沙江、澜沧江、怒江等，都有黑水的意思。藏语称雅砻江为尼雅曲，意为多鱼之水，珍贵的“高原裸鲤”和裂腹鱼便出自这里。

雅砻江干流全长1535千米，流域面积12.84万平方千米，多年平均流量1810立方米每秒，年径流量571亿立方米。在巴颜喀拉山下，洁白的冰雪融水汇集成涓涓细流，成为雅砻江上源扎曲。右纳当曲、呷拉沟，进入四川石渠县境内，过呷依寺后左纳麻母河。入德格县境，右纳三岔河。过甘孜县城，入新龙县境。左纳卓基沟，右纳阿色曲，南流至新龙县城。至雅江县两河口，左纳鲜水河，过县城东河口左纳王呷河。入盐源县境，右纳理塘河。进入冕宁县境，过二滩水电站后左纳安宁河，转南偏西入盐边县境。过盐边新县城西进入攀枝花，再南流于成昆铁路倮果大桥以下汇入金沙江。其流域面积大于10000平方千米的支流有鲜水河、理塘河、安宁河等3条。

雅砻江干流在尼坎多以下进入四川后，基本上与金沙江并行南流。在上游的石渠县，有康巴地区最宽阔的草原——扎溪卡大草原。这里是国家一级保护动物黑颈鹤和白唇鹿的故乡。“扎溪卡”是石渠的藏语别称，意为“雅砻江边”。扎溪卡大草原面积 2.51 万平方千米，距成都 1070 千米，大草原中心城镇尼嘎海拔4200米，被称为“离太阳最近的地方”。

德格印经院于清雍正七年（公元1729年）由德格土司却吉·登巴泽仁创建，以收藏文化典籍广博、门类齐全、原材料制作考究、印刷质量高而著称。

草原上有这样一个传说：在很久以前，一头神牦牛被冰雪禁锢在各拉丹冬雪山上。一群勇敢的康巴汉子爬上雪峰，引来火种融化了冰雪。神牦牛苏醒后，清亮的雪水从鼻孔喷涌而出，从此草原上有了涓涓溪水和清清河流，也有了肥壮的牛羊和悠扬的牧歌。

从石渠向南，雅砻江进入四川德格县，著名的德格印经院就在这里。院藏约22万块木雕古印版，多为宗教、历史、文学、艺术、医学、天文、历算等藏文典籍的书版、画版，其中有许多是国内孤本。德格印经院雕版、印刷均采用传统技术，工艺十分考究；其印刷原料除朱砂外，其余印版、墨、纸均以传统工艺就地手工制造。所印书籍流传很广，清刻本藏文大藏经校字精细，刻工优美，享誉于世，被称为“德格版藏文大藏经”，与那塘版、北京版、拉萨版等著名版本齐名。1996 年，国务院公布“德格印经院”为全国重点文物保护单位。

位于甘孜、凉山州西部的沙鲁里山，是金沙江和雅砻江的天然分水岭；位于甘孜州东部的大雪山，是大渡河和雅砻江的分水岭。这个广阔而起伏的地区，不但有四川最长、最宽的山系，而且还是四川冰川、湖群最集中的地区，誉为“最后的香格里拉”的亚丁自然保护区就在稻城县境内。

亚丁自然保护区海拔2900米（贡嘎河口）至6032米（仙乃日峰），面积560平方千米，位于横断山脉中段，四川稻城县南部，以其独特的原始生态环境，雄、奇、秀、美的自然风光而闻名中外，以仙乃日、央迈勇、夏诺多吉三座雪山为核心区，是中国保存最完整的一处自然生态系统。三座雪山位于保护区东部，北峰仙乃日海拔6032米，南峰央迈勇海拔5958米，东峰夏诺多吉海拔5958米。三峰相距不远，峰形各异，白雪皑皑，直冲云天。山腰林海茫茫，飞泉瀑布隐于其间，山脚宽谷曲流，镶嵌着明镜般的湖泊。雪峰、冰川、森林、溪流、瀑布、草甸、湖泊有机组合，野生动物出没于其中，托出了一方静谧的净土。公元747年，佛教大师莲花生为三座雪峰开光，并以佛教中三怙主——观音（仙乃日）、文殊（央迈勇）和金刚手（夏诺多吉）命名，因此称三怙主雪山。

「亚丁自然保护区」

大雪山呈南北走向，是川西重要的地理分界线，其东西两边地貌、气候都有很大差别，这里是动植物集中而交错的神秘世界。大雪山主峰贡嘎山，位于四川康定、泸定、石棉、九龙四县之间，海拔7556米，高出其东侧的大渡河6000米，是长江流域海拔最高点，被称为“蜀山之王”。贡嘎山景区为国家级风景名胜区，以贡嘎山为中心，由海螺沟、木格错、五须海、贡嘎南坡等景区组成。贡嘎主峰周围林立着145座海拔五六千米的冰峰，形成了群峰簇拥、雪山相接的壮观景象。景区内有10多个高原湖泊，其中著名的有木格错、五须海、人中海、巴旺海等，或在冰川脚

距雅砻江河口33千米处巍然矗立着二滩水电站。它是雅砻江水电基地梯级开发的第一座水电站，也是中国在20世纪建成投产的最大水电站。

下，或在森林环抱之中，湖水清澈透明，风貌原始自然。1935 年 5 月，中国工农红军长征时经过此山。

在盛产良木的木里县白碉附近，雅砻江环绕锦屏山绕了个一百多度的大急弯，像金沙江石鼓大急弯一样，形成著名的“雅砻江大河湾”。在大河湾口处，雅砻江流经当年红军长征刘伯承与古基首领小叶丹歃血为盟的彝区冕宁县，又冲出锦屏山和牦牛山勒成的峡谷，在钢城攀枝花汇入金沙江。

现在，雄伟的大坝、密布的地下溶洞、瑰丽的水上风光，让二滩库区成为游览胜地，每年接待游客近十万人次。

金沙江、雅砻江等河流深嵌在攀枝花山地之间，形成雄伟的川西南峡谷区。攀西大裂谷地质活动活跃频繁，景色原始壮观，民族风情淳朴。红格温泉、大黑山风景区、龙洞石林、金沙江风景区、海子湖风光闻名遐迩。以“生态环保、民族亲和”为主题的中国攀枝花国际长江漂流节，被誉为“万里长江第一漂”。

茶马古道铃声远

“茶马古道”是一个有特定含义的历史概念，它起始于秦统一六国时，兴盛于“唐蕃会盟”间。

“茶马古道”线路主要有两条：一条从四川雅安出发，经泸定、康定、巴塘、昌都到西藏拉萨，再到尼泊尔、印度，国内线路长 3100 多千米。另一条从云南西双版纳、思茅、临沧等茶叶产地出发，经大理、丽江、中甸、德钦到西藏邦达，向北可到昌都、洛隆；向西可到林芝、工布江达、拉萨；再经江孜、亚东，到尼泊尔、印度等国，国内线路长 3800 多千米。

两条主线的沿途密布着无数大大小小的支线，将滇、川、藏地区紧密联在一起，形成网络，成为经济贸易与文化交流的通道。普洱县城东北的茶庵塘坡头，至今还可看到宽约 2 米，断续长约 5 千米的“茶马古道”，石头路面上有深深的马蹄印。“茶马古道”蜿蜒起伏，沿线海拔从几百米到五六千米，跨越 10 多个纬度，20 多个经度。沿途河流的切割、山脉的

「云南鲁史镇茶马古道」

纵横交错、气候的垂直分布，构成世界最奇特的地形地貌。这条古道是世界上海拔最高、最漫长、最艰险、最复杂的古代商道。藏区民众有一种说法：茶叶翻过的山越多就越珍贵，这生动地反映藏区茶叶来之不易。茶马古道带来的不仅有茶叶骏马，还有民族友谊的并蒂鲜花。

青藏高原东缘横断山脉地区是世界上地形最复杂和最独特的高山峡谷地区，其崎岖险峻和通行之艰难为世所罕见。“茶马古道”沿途高峰耸云、河流湍急。正如任乃强先生《康藏史地大纲》所言：“康藏高原，兀立亚洲中部，宛如砥石在地，四围悬绝。除正西之印度河流域，东北之黄河流域倾斜较缓外，其余六方，皆作峻壁陡落之状。尤以与四川盆地及云贵高原相结之部，峻坂之外，复以邃流绝峡窜乱其间，随处皆成断崖促壁，鸟道湍流。各项新式交通工具，在此概难展施。”据统计，经川藏茶道至拉萨，要通过 56 个驿站、51 个渡口、15 处绳桥、10 处铁桥，翻越 78 座大山，其中海拔 3000 米以上高山 11 座，1600 米以上高山 27 座，走完全程要三四个月。

长年行走在“茶马古道”的是专业马帮，由各家骡马入伙，或一二匹或十来匹，合作长久了就形成有一定规模的组织。五马为一“把”，五“把”为一小帮，若干小帮组成一大帮，规模大的可达一二百匹马。

马帮纪律严格、规则固定、野外适应能力和自我保护能力很强，甚至随身带武器。马帮内每小帮有小锅头，整个马帮有大锅头、二锅头和管事。大锅头由具备丰富的地理和民俗知识、较强的组织指挥和处理突发事件能力、沿途建有良好的人际关系、信息灵通、交往广泛的人担任；二锅头主要负责日常事务。

赶马人，俗叫“马脚子”，藏语叫“腊都”。走茶马道，除了路途难行，还有野兽、土匪、疾病威胁。赶马人大多出生贫寒，迫于生计才走上赶马之路。“砍柴莫砍葡萄藤，嫁人莫嫁赶马人”，道出了赶马人谋生的艰辛、地位的卑微。

赶马人是马锅头雇用的小工，必须听从指挥，但两者之间又不完全是雇佣关系。马锅头，尤其是一些小马帮锅头，大多也赶马，与众多赶马人同吃一锅饭。由此有了“锅头”名称。赶马人经过努力，也会拥有一两匹骡马，上路时将自己的骡马加入马帮，赚取一份运费。如果再有些本钱，更可以备上一些货物驮上，获取一份利润，一些“马脚子”也可能由此成为小马锅头。

大商号和马帮有一种规矩：赶马人给商号、马帮赶上三年马，就可以分得一匹骡子，骡子开销费用由商号出，而骡子挣的钱全归赶马人。有了几匹骡马后，赶马人也做起锅头来。一些大掌柜、大马锅头也是这么一步步走过来的，知道吃这碗饭艰辛，才有了这种关照赶马人的规矩。

在骡马不能行走，或没有骡马的地方，沉重的茶包就靠背夫（脚夫）背出来。背夫行列里甚至有女子的身影。背夫常用末端镶着铁杵的丁字形拐子，又叫“墩拐子”。沉重的茶包垒堆在背架上，一旦上身，不易放下。休息时，背夫在崎岖山道上用“墩拐子”支撑背架，双腿略为叉开，稍事喘息。天长日久，石上留下“墩拐子”拄成的凹痕，至今清晰可见。

为解除长途疲乏，很多赶马人都能哼唱即兴创作的赶马调。滇西一带有四个调类：借物抒情的行路歌；以途中地名、风土人情一问一答的盘调；在独路险路上唱曲调高亢粗犷的喊路调，意在通知迎面而来的马帮或行人避让；在住宿地唱曲调优美的叙事长歌怀古调。赶马调是马帮文化的重要内容，经过音乐家精心整理的《放马山歌》、《送郎调》等，在国内外流传甚广。

「中国十大红茶传播路径」

“茶马古道”穿越川滇西部及藏东地区。该地区高山深谷阻隔、对外交往不便，积淀和保留着丰富的原生态民族文化，民族文化多元性特点突出。正因横跨数千里，穿越青藏、滇藏高原众多不同民族、不同族群、不同语言和不同文化地区，“茶马古道”才将这些有机地串连起来，既保持个性，又彼此兼容，并协同发展。

沿着这条道路，内地先进工艺、科技和能工巧匠也陆续进藏，推动了藏区经济发展。因茶叶运输需要，内地制革技术传入藏区，使藏区皮革加工业发展起来。因商贸发展，内地淘金、种菜、建筑、金银加工等技术和技工大量输入藏区，使藏区农作、采金技术和手工业发展起来。因交易品种扩展，使藏区虫草、贝母、大黄、秦艽等药材业，卡垫、毪子等民族手工艺业发展起来。

“茶马古道”上许多交易市场、驮队、商旅集散地、食宿点，在长期商贸活动中逐渐成为繁荣的市镇，促进了藏区社会城镇化发展。如打箭炉（康定）在元代尚为荒凉山沟，明代开碉门、岩州茶马道后，渐成大渡河以西各驮队集散地。清代开瓦斯沟路，建泸定桥，设茶关，又速为“汉番辐凑，商贾云集”的商业城市。又如昌都是川藏、滇藏、青藏三条“茶马古道”交通枢纽和物资集散地，随着茶马贸易的发展而成为康区重镇和汉藏贸易又一中心。

“茶马古道”在维系经济往来的同时，也促进了文化交流，增进了不同文化之间的了解与亲和，形成了兼容并包、相互融合的新文化格局。“茶马古道”上许多城镇，不同民族亲密和睦，不同文化并行不悖，生活习惯互相吸收，出现复合、交融的情况。文化的和谐又促进了血缘的亲合，不同民族联姻的家庭大量产生，民族亲和之花盛开在“茶马古道”。

「中国红茶制作雕塑」

2011 年 3 月，“茶马古道”通过第七批全国重点文物保护单位评审，相关的 200 多个地方被整体纳入“茶马古道”保护计划，这将是中国西部最大的线性文化遗产。马帮蹄声渐行渐远。“茶马古道”及其故事成为宝贵的文化遗产，为长江文化书写了独特而珍贵的一页。

川江壮歌

号子声声，川江回荡。别金沙，奔宜昌。岷江汇大川，嘉陵润苍茫。古堰水旱兼济，九寨画屏无双。康定情歌彻，赤水美酒芳。瞿塘雄、巫峡幽、西陵险，百里织锦绣；白帝城、张飞庙、石宝寨，库区倚新妆。赤甲收众水，白盐控天浪。朝霞暮雨云峰上，神女舒袖庆无恙。

云横巴蜀，雾开峡江。峨眉秀逸，青城幽藏。司马赋，文君唱；草堂隐，花溪漾。百代文章三苏显，六出祁山卧龙昂。巴山蜀水，神州脊梁。抗日烽火，雾都激扬。冷雨铅云万里潮，西南撤退纪国殇。纤绳抖，号子吼；红梅赞，浩气长。山河光复沁园春，大江挥手舞瑞祥。

枇杷迎宾，红叶染霜。川江千里夜通航，高坝平湖九州畅。歌乐山吐故纳新，朝天门襟带两江。不夜山城，火锅沸腾；含笑嘉陵，鬓影衣香。长河串起珍珠链，盛世谋局气场强。登高涉远，两江新区展宏图；负重向前，航运中心奏华章。克险闯滩成伟业，爬坡越坎共兴邦！

蜀水巴山飞新韵

挥别金沙，长江进入四川盆地。从宜宾到宜昌，是1040千米的川江。其中重庆以上375千米为上川江，重庆以下665千米为下川江，下川江中的三峡河段又称峡江。

悠久的巴蜀文化，因水而源源流淌；勤劳的巴蜀人民，缘水而生生不息。船工号子的呼喊与美酒的醇香在川黔大地悠悠飘荡。美丽和神奇，预言与现实，在千里川江对接。

这里有江南的妩媚，这里有西部的豪放。浣花溪畔流传着文君的逸事，薛涛笺上散发着诗意的芳香，杜甫栖居的茅屋依然林间隐现，李白行吟的神韵还在水中荡漾。元稹、岑参、陆游在此流连，相如、东坡、巴金于斯生长。

川江北岸三大支流岷江、沱江、嘉陵江纵贯川北盆地，南岸支流南广河、赤水河、綦江、乌江竞相汇入川江。

岷江水量大，入成都平原后，流速陡减，易淤塞决口，中下游经常发生水灾。秦昭王时，李冰父子利用无坝引水原理，兴建的都江堰工程2000多年来一直有效消除水患，灌溉天府之国。抗战时期，日军17次轰炸成都，对都江堰未投下一颗炸弹。因其没有大坝，即便扔下几十吨炸弹，破坏也难以奏效。

都江堰由三大工程构成：鱼嘴分水堤将岷江上游之水在枯季6成分入用于灌溉的内江，4成导入用于排洪的外江；汛期则4成流往内江，6成导往外江。第二个工程是飞沙堰。世界上任何一项水利工程，最大天敌就是泥沙淤积。都江堰能持续发挥效益2000多年，除了历朝历代的整治，一年一度的岁修外，也得益于飞沙堰。汛期它可利用洪水自身的巨大能量，将巨石泥沙排向外江。第三个工程则是形如瓶口的水道——宝瓶口。引岷江之水到成都，必须在玉垒山上打开一个缺口。李冰用大火烧红岩石，再用来自岷江上游的雪水泼浇。冰火相激，岩崩石裂。开凿宝瓶口工程，用了整整8年时间。

「都江堰」

沱江上有绵竹酒乡，中有“川中枢纽，川南咽喉”内江，下有酒城泸州。

嘉陵江从秦岭走来，穿华蓥，过剑门，依古栈道，经李白故里，映千佛崖，汇入大川。连接川陕甘渝、沟通西南西北。它在长江支流中流域面积最大，滩多水急，以往航道等级较低。目前，嘉陵江航道渠化工程已近完工，广元至重庆16级航电枢纽串起水上高速公路。嘉陵江渠化后，1000吨级的船队从广元出发，顺流而下可直达上海。

南广河畔南广镇又称“陈塘关”。哪吒之父李靖曾在此镇守，此处建有哪吒铜像。赤水河古称安乐水，为川黔界河。红军四渡赤水，以少胜多，永留青史。綦江是中国第一条具有现代意义的渠化河道。

峡谷怒波腾虎步，悬河泻瀑荡天梯。乌江滩险之密在川江流域中首屈一指，两岸高山齐云，蓝天一线，纤道绝壁，银泉飞瀑，峡风呼啸，江涛逼人，有百里画廊之誉。

人类最初的歌声，是劳动发出的呼喊。

千里川江自从有了柏木船，就有了船工、纤夫，便有了粗犷、悲壮的川江号子。千百年里，船工纤夫脚蹬石头手扒沙，风里雨里走天涯，吼起声声号子，勇闯恶水险滩。

川江号子丰富，多达26种曲牌。在平静的江面，船工与纤夫会唱起

号子声声，回荡峡江。时代的进步，川江的变迁，让木帆船的影像留在历史的记忆里。而川江号子，则成为经典的文化符号，深深烙印在巴山蜀水之中。

「川江纤夫」

旋律舒畅、悠扬动听的“平水号子”；而遇凶滩恶水时，会喊起声短音促、气势夺人的“上滩号子”、“拼命号子”。这些号子曲调词句各有不同，但都体现了同舟共济、百折不挠的特质。

“川江号子王”陈邦贵是号子歌手中的佼佼者。他的号子旋律优美，语言朴实，集传统戏文、民间曲艺为一体。1987 年，法国阿维尼翁艺术节组织“世界大河相会在塞纳河”民间艺术交流活动，当年 72 岁的陈邦贵应邀演唱川江号子，引起轰动。随即，法国电视一台进行实况转播；次日，法国《世界报》作了大篇幅报道。川江号子蜚声世界。

如果说号子是粗犷之声的历史回响，拉纤则是一幅极有张力的历史风景。

2007 年 4 月，乌江下游彭水电站建成，龚滩古镇和江边的条条纤道被水淹没。彭水电站大坝蓄水前夕，乌江的纤夫们齐聚龚滩古镇，演绎了最后一幕拉纤的壮景。

铁钳般的大手紧紧抠着石缝，黝黑的双脚牢牢蹬住突起的石棱，肩上的纤绳笔直绷紧，健壮的身躯贴近石面奋力前行。船头手拿爪竿和船尾撑艄的船工则齐心抵住江边乱石。纤夫与船工，互相协作，一鼓作气，将船拉过险滩。

纤绳拉直川江，号子激昂高亢。这是生命奋进的合唱，这是峡江奔涌的交响，在人们心里永恒生长。

号子如歌，美酒如诗。岷江口的宜宾，是名副其实的中国酒都，

「“中国第一窖”的泸州国窖广场」

五粮液即产于此。沱江上游绵竹人称酒乡，出产名酒剑南春。泸州位于沱江与长江交汇处，别称酒城。始建于公元1573年的泸州老窖池有“中国第一窖”之誉。

好酒须好水。茅台、郎酒、习酒皆源于赤水河两岸。在长江上游众多支流中，赤水河至今仍是一条原生态天然河流，其水质优良，微甜爽口，富含数十种对人体有益的微量元素。当地气候也适宜名酒酿造。

中国国家博物馆有一块“泥巴”，貌不惊人，却价值连城，它即是宜宾五粮液古窖泥，现为世界上最古老的泥池酒窖泥，自明朝以来一直未间断使用，每一克泥中都含有几百种约10亿个参与酿酒的微生物，堪称罕见的“活文物”，现代科技尚无法复制。

美酒飘香，情歌彻骨。康藏深处的大渡河下段西边，有座美丽的小城，因一首情歌而得名：“跑马溜溜的山上，一朵溜溜的云哟，端端溜溜的照在，康定溜溜的城哟……”康定古名打箭炉，据传诸葛亮南征时，曾令部将郭达在此造箭。清初，中央政府在此设关，茶业勃兴，汉藏商人云集。此后，“打箭炉”成为川藏交通枢纽，贸易迅速发展和繁荣，形成了一种沟通、方便双方的中介机构，即康定“锅庄”。

嘉陵江与长江交汇处的朝天门是西南地区最著名的港口，见证了重庆的沧桑变迁。纤夫和棒棒军曾是它的招牌画面。码头吞吐物流人潮，带动重庆发展。如今这里车水马龙，灯火璀璨，是俯看两江汇流、纵览山城风光的绝佳之处。

重庆有山城之称。歌乐山就位于城中。小说《红岩》中歌乐山渣滓洞、白公馆的故事可歌可泣。叶挺被囚渣滓洞期间，写下《囚歌》以明志。红岩革命纪念馆记录着国共合作的历史，人民大礼堂见证着重庆人的光荣与梦想。

红梅朵朵，丹心灼灼。解放碑矗立于重庆市渝中区，原名抗战胜利纪功碑，于1947年8月竣工，是中华民族抗日战争胜利的唯一国家纪念碑。据说，碑下埋有缴获的日本侵略者的武器装备；碑中存放美国罗斯福总统

「矗立于重庆市渝中区的解放碑」

写给重庆人民的信。碑身刻有成千上万英烈姓名。1949年重庆解放，西南军政委员会将其改建为人民解放纪念碑，以纪念先烈对革命事业的不朽贡献。

时代急速前行。如今，很多人都喜欢去解放碑“打望”。这儿号称三步一个林青霞，五步一个张曼玉。也有人说，上海南京路、北京王府井、重庆解放碑，还有成都春熙路，按照美女多少排名，第一当属解放碑。

气候是造就美女的重要原因。重庆空气湿度较大，让当地女孩拥有水灵灵的肌肤。而身在山城，天天爬坡越坎，身材自然曼妙。

火锅也许是制造美丽的法宝。重庆美女基本上都是火锅爱好者。相传，当年朝天门码头工人为御寒果腹，取“下脚料”，洗净煮沸，围炉而食，鲜香麻辣，得名火锅，20世纪20年代在重庆江北城区声名渐隆。受重庆火锅影响，各地火锅逐渐兴盛。重庆曾举办“万人火锅宴”，摆放火锅千桌以上，绵延数里，20余万人同时就餐，可谓场面宏大、世界罕见。今日，火锅早已遍布神州，享誉海外。

「重庆瓷器口火锅大排档」

重庆晚报和重庆电视台曾联合举办“重庆十大名片评选”，“美女、火锅、解放碑”名列前三。可以说，这分别代表了重庆美人、美食和美景。

重庆，古老而青春，豪迈而妩媚。

几多蜿蜒入巴蜀

川江，唐前或称江，或称大江。唐代以来，或称蜀江，亦有人称汉江。流经的巴蜀之地，土地肥沃，气候温和，山川壮美，开发较早，名胜古迹极多。四川盆地是中国四大盆地之一，有西南最大的平原——成都平原。山间谷地和丘陵山区，层层梯田从山脚一直伸到山顶，构成具有盆地特色的地理景观。此段支流众多，组成了气势宏大的川江水系。

川江干流自宜宾岷江汇入点起向东流，于宜宾南纳南广河、泸州北纳沱江、合江南接赤水河后折向东北，于江津南纳綦江，至重庆市北岸有嘉陵江汇入，至涪陵南岸有乌江汇入，经过重庆万州后又复向东流至湖北宜昌。

川江流域面积达 50 万平方千米，年径流量 4510 亿立方米，占长江入海水量的近一半。川江支流众多，这些河流，多发源于高原山地，流经深山峡谷，落差巨大，水量丰沛，一些支流的年径流量超过我国第二长河——黄河。川江河道宽窄相间，以峡谷、险滩多著名，如猫儿峡、铜锣峡、明月峡及三峡。川江干支流的水力资源非常丰富，蕴藏量上亿千瓦，约占长江流域的 40%。

「弯弯曲曲的川江」

川江从一开始就弯弯曲曲，宜宾到南溪间就走了好几段弯路。南溪到江安之间，弯曲形状就像一个大大的“几”字。江安到合江，又有十来个大小不等的“几”字弯。到了江津，川江还要绕城三折，当地人称它“几江”。至重庆附近，还连续出现好几个不小的“几”字弯。川江在书写“几”字的过程中，在河道中留下了很多江心洲坝。沿岸还有冲积平坝，中、高水时，江水出现汊流，平坝隔离成岛，当地仍称“坝”。

宜宾到江津江段，两岸红色丘陵相

「美景如画的川江」

伴。过江津后，川江干流进入平行岭谷地区，穿越一排排条带式褶皱山岭，先后在重庆形成江津区境内猫儿峡、江北区境内铜锣峡、长寿区与涪陵区交界处黄草峡等峡谷。从涪陵到奉节，再到巫山，川江漫步在典型的向斜谷底，江流十分宽阔，最宽的地方如忠县复兴场有1500米，涪陵珍溪场达到2000米。奉节以下川江河段，在穿切山岭中，先后经过约200千米的长江三峡。

川江沟通中国西南与华中、华东地区，其主要支流均可通航；成都、重庆向周围辐射的铁路、公路交通网络，更使川江航运对西南物资交流和进出口起着重要作用。历史上，重庆因自然地理条件，在抗日战争时期成为中国战时首都。

四川素称“天府之国”，既有山川峻美的自然风貌：地势多样，丹壑争流；又有秀冠华夏的人文景观，巴蜀文化源远流长，骚客名士竞相风流。这里自然、人文与社会风俗多种景观相生相依，情景交融，造就了得天独厚、品位极高的天府之国。

川江流域美景如画，雄峻挺拔的四姑娘山银光照人、姿容俊俏；秀甲天下的峨眉山婀娜多姿、梵音袅袅；幽贯九州的青城山素雅自然、道骨仙风；云蒸霞蔚的西岭雪山矗立天际、秀美壮观；武侯祠满怀着思念，青羊宫充盈着虔诚；九寨沟似幻似真，都江堰如梦如醉。“九天开出一成都，千门万户入画图”，诗仙李白走遍神州，他的赞叹为天府之国的山水平添了一分书卷气。

北岸江雄汩汩来

川江支流大致呈南北走向，汇入川江后俱成东流之水。岷江、沱江、嘉陵江三大支流纵贯川北盆地。长江在不长河段内能集纳到如此多大川，这是大自然的赠予。在三峡库区，有很多流程较短的山涧河流直接汇入川江，如小江、梅溪河、大宁河、香溪。

「在宜宾东北合江门汇入长江的岷江」

岷江发源于四川松潘县岷山山系，西源出自郎架岭，即古羊膊岭，东源出自又名贡嘎岭的弓杠岭，以西源为正源。两源均北南流向，在松潘县漳腊乡川主寺相汇后称岷江。南流经松潘县城至茂县普安寨，进入大、小海子堰塞湖区。至汶川威州镇右纳杂谷脑河，至映秀镇右纳鱼子溪。进入都江堰市，自鱼嘴工程以下，干流分为内江与外江，外江居右为主流。外江、内江向下分为多条支流，又先后在彭山县江口间汇入岷江。岷江南流至新津县境，右岸先后纳西河、南河，至彭山县左纳府河。过眉山，至青神县城东左纳官厅河、右接思濛河。至乐山市，在城南草鞋渡，右岸有大渡河先接纳青衣江再汇入岷江。至犍为县，于右岸纳马边河。至宜宾县，右纳龙溪河、左纳越溪河，在宜宾城区东北合江门汇入长江。

岷江古称汶水、渎水、导江，干流长 711 千米，如以大渡河为源头算，长度为 1200 多千米，流域面积 13.59 万平方千米，多年平均流量 2850 立方米每秒，年径流量 899 亿立方米，是长江水量最大的支流。

岷江有大小支流 90 多条，流域面积大于 5000 平方千米的有大渡河、黑水河；1000~5000 平方千米的有小姓沟、杂谷脑河、渔子溪、西河、南河、茫溪河、马边河、越溪河。

在中国江河中，岷江有一段特别经历。“江”字，在古代本是长江的专名，与“河”本是黄河的专名一样。后来江名多了起来，长江就专称“大江”，以区别其他小江。最早以“大江”为名的，唯有岷江。后来，长江源头确认为金沙江之上的沱沱河，岷江从长江正源位置上退下来了，但它对长江的贡献，对“天府之国”的贡献，却不因此而稍有逊色。

「道教名山青城山」

在岷江上游，汶川县西南部邛崃山脉东南坡，有中国最早建立的综合性国家级保护区——卧龙自然保护区。2000平方千米的面积内生活着100多只大熊猫，约占全国总数的10%，是“大熊猫之乡”。

岷江中游都江堰市原名灌县，有以“青城天下幽”著称的道教名山青城山，更有蜚声中外的都江堰。

岷江下游眉山市，人文旅游资源有东坡文化、长寿文化、道教文化、佛教文化、竹文化、水文化，以及东坡文化节、丹棱唢呐节、彭祖寿星节、青神竹编艺术节等；名人有西晋文学家李密、宋代大文豪苏氏三父子、“东方梵高”石鲁等。主要旅游景点有三苏祠、中岩寺、龙鹄山、牛角寨大佛、中国竹艺城、东坡湖公园、黑龙滩水库、瓦屋山国家森林公园等。

位于岷江口的宜宾，古称僰道、戎州、叙州城，是长江上游开发最早、历史最悠久的城市代表；是南丝绸之路的起点，素有“西南半壁古戎州”的美誉；是名副其实的“中国酒都”，举世闻名的五粮液即产于此；是中国历史文化名城，文人墨客如杜甫、岑参、苏轼、陆游等留下的赞美诗词如泉似河，连绵不绝。神州琼浆，豪情酒海；天下奇观，风情石海；翡翠世界，诗情竹海；抗战精魂，博爱李庄；宜宾，这座美丽的滨江城市会更加流光溢彩。

嘉陵江古称汉水、阆水、渝水，因流经陕西嘉陵谷而得名，干流长1120 千米。在长江支流中流域面积最大，达15.98万平方千米。多年平均流量2089立方米每秒，年径流量659亿立方米。

「长江上游开发最早、历史最悠久的宜宾」

嘉陵江有东、西两源。东源发源于陕西凤县秦岭山脉代王山南侧东峪沟；西源为西汉

「在重庆朝天门汇入长江的嘉陵江」

水，发源于甘肃天水市秦州区齐寿山。以东源为正源。出源后沿秦岭山谷向西北流，经陕西凤县县城向西南，过甘肃两当至徽县。于徽县虞关下游复入陕西，在略阳安家山附近右纳西汉水，过略阳县城折向南流进入宁强。过阳平关镇，进入四川广元，于朝天区明月峡口右纳广坪河，元坝区昭化镇右纳白龙江。沿元坝、剑阁边界南流入苍溪。至阆中文成镇附近左纳东河，再南流进入南部县。在南部与蓬安县界附近右纳西河，过蓬安县城，转向西南流，经南充、武胜至重庆，在合川区先后左纳渠江、右纳涪江，成三江汇流，再折向南流，又转向北流至钓鱼城。以下总体方向为东南流，至北碚童家溪镇以下进入重庆城区，先后经沙坪坝、江北和渝中，于朝天门汇入长江。

嘉陵江流域面积超过 1000 平方千米的支流 11 条，主要支流有西汉水、白龙江、渠江、涪江、广坪河、东河、西河、龙凤溪等；其中西汉水、白龙江、渠江、涪江的流域面积都在 10000 平方千米以上。

嘉陵江流域风光绮丽，上游二级支流白水江流域九寨沟是国家级自然保护区，名列世界自然遗产，其所在的原南坪县因此更名为九寨沟县；切穿华蓥山后，形成沥鼻、温塘、观音三峡谷；北碚缙云山云遮雾绕。流域古迹众多，宝鸡是周王朝发祥地；广元古蜀道文化、三国文化资源丰富；剑门关、皇泽寺（武则天祀庙）、剑阁古栈道、江油李白故里、合川宋末时期古战场钓鱼城等古意浓浓。

「嘉陵江流域风光绮丽的九寨沟」

广元嘉陵江东岸的千佛崖，在250多米的崖壁上有400多个石窟，7000多尊造像，为南北朝至明代各个时期作品。第 806 号龛窟“释迦多宝佛窟”中“持莲观音”造像，作于唐代武周时期（公元690—705年），是中国石窟造像史中不可多得的艺术珍品。造像高1.35米，跣足立于莲台，站姿优雅，嘴角微微上翘，低眉含笑，面容极为生动。双手右上左下握持两只莲茎，一支较短，上端为莲蓬，下垂于右肩；另一支较长，上端是莲叶，掩映在右肩后边。与在一般寺庙常见的“杨柳观音”、“水月观音”、“鱼篮观音”等形象不同，“持莲观音”极为少见。

嘉陵江流经的中国历史文化名城阆中，历代名人不少，有我国第一部完整而且相当精确的历法《太初历》的制订者落下闳、民族英雄岳飞的爱将张宪等，还因出了多名状元而被称为“状元之乡”。蜀汉大将张飞虽不是阆中人，但曾任巴西太守，在此镇守7年之久，同样是阆中的一张名片。张飞死后被追谥桓侯，阆中汉桓侯祠现为国家级文物保护单位，至今已有1700多年历史。

南边水急匆匆行

川江南岸的支流没有北岸多，流程也不如北岸长，但也都各具特色，各有风韵。南面河流因毗邻云贵高原，受到盆地南缘山脉限制，支流均由南向北基本垂直注入长江，较大的支流有赤水河、乌江等，其他的还有南广河、长宁河、永宁河、綦江、磨刀溪等。

赤水河古称安乐水，因含沙量高、水色赤黄而得名，长436千米，约200千米为川黔界河。流域在云贵川三省接壤地带，面积2.04万平方千米，多年平均流量309立方米每秒，年径流量97.5亿立方米。

赤水河发源于云南镇雄县赤水源镇银厂村。源头倮倘河自西南向东北交替为地面明流、地下暗流，经赤水源镇至威信县扎西镇，左纳威信河后始称赤水河。东北转东南流，成为镇雄、威信两县界河，左纳倒流河，至簸箕右纳铜车河。右纳渭河，进入川黔两省界河。东流沿古蔺与毕节、金沙边界而行，转北流至仁怀茅台镇，至合马镇折向西北，至两河口右纳桐梓河。至二郎镇偏向西流，于太平镇右纳古蔺河。进入赤水市，经元厚镇至葫市镇转西流，至复兴镇西北流，左纳大同河。转向北流进入四川合江县，在接近河口处三江口右纳习水河，于合江县城东南侧汇入川江。

「因水色赤黄而得名的川黔界河——赤水河」

赤水河流域面积大于 300 平方千米的支流 17 条，其中超过 1000 平方千米的支流有 5 条，即二道河、桐梓河、古蔺河、大同河、习水河等。

赤水滔滔，似在讲述传奇而精彩的故事。1935 年，中国工农红军长征时四渡赤水，迷惑牵制敌人，牢牢掌握着战场主动权，取得决定性的胜利，是变被动为主动，以少胜多的光辉范例，创造中外罕见的军事奇迹。四川古蔺当年渡江口岸之一的太平渡，建有红军长征四渡赤水纪念馆。

不过，这条河流更负盛名的是美酒。在河流两岸，茅台、郎酒、习酒等多个中国顶级名酒竞相出产，其他品牌白酒数不胜数。良水出美酒，赤水河每一滴水都可以酿出价值不菲的名酒。郎酒所在地四川古蔺附近赤水河边山崖上，刻有“美酒河”三个赫然醒目大字，每字高 40 多米，深 2 米，每字面积 1600 平方米，是当今世界之最。蜈蚣崖上，藏有“天宝洞”这个世界最大天然储酒库，面积万余平方米，气温常年保持在 19 摄氏度，排列着盛装美酒的巨坛。

乌江在汉代称延江，晋以后称涪陵水，唐称涪陵江、内江，宋称涪江、黔江、巴江，到了元代才称乌江。乌江横贯贵州中北部，长 1037 千米，是川江右岸最大支流，流域面积 8.79 万平方千米，约有 80%在贵州，其余分布在云南、重庆、湖北，多年平均流量 1610 立方米每秒，年径流量 509 亿立方米。

「横贯贵州中北部的乌江」

乌江有南北两源，北源六冲河，南源三岔河，以南源为正源，发源于贵州西部乌蒙山东麓的威宁盐仓镇。另有源头为草海镇之说。盐仓镇内又有三岗洞、花鱼洞、豆缸洞之说。源头洞泉出地面后，流经六盘水市钟山区，伏流约600米后出地面，称白泥河。东流入水城县，左纳连山河。又转伏流，出流至纳雍县左纳干田河。进入六枝特区，右纳赖龙桥河，汇口以下称三岔河。进入普定县境改向东北流，在黔西化屋基左纳最大支流六冲河，汇口以下干流又称鸭池河。向东偏北流，先后纳猫跳河、息烽河、偏岩河，至遵义县始称乌江。东流经开阳、瓮安、湄潭、余庆等县境，在思南左纳六池河、右纳石阡河。经德江、沿河进入重庆酉阳，在龚滩镇以南右纳唐岩河即阿蓬江，至彭水县城汉葭镇右纳郁江。进入武隆，至江口镇左纳芙蓉江。转西北流，至涪陵城东麻柳嘴汇入长江。

乌江有一级支流58条，其中流域面积大于300平方千米的有42条，大于1000平方千米的有16条，大于3000平方千米的支流有六冲河、猫跳河等8条。

乌江是典型的山区河流，大部分河段在高山深谷之中，最窄处仅50米，谷坡坡度大，水流流速急，从河源到河口，总落差2135米。

上游沿岸河谷深切，纵坡陡峻，岩溶地貌发育，多溶洞暗河。中游由于河段浸蚀和地下水溶蚀，很多地段形成二三百米深的“V”形峡谷，崩石堆积，落差集中，险滩甚多，其中著名特险滩有漩塘、镇天洞、一子三滩等断航滩。下游沿岸地势都在海拔800米以下。乌江渡至涪陵590多千米航道上，即有大小滩险577处，几乎每千米1处，滩险之密在川江流域各河流中首屈一指，素有“天险”之称。

从古到今，劳动人民都在艰苦卓绝地开拓乌江航道。早在唐宋时期即开始治理局部航段；明代首次整治支流石阡河滩险；清末为将川盐运入黔，对乌江下游进行了较大规模的整治；

「乌江素有“天险”之称」

民国初期整治乌江上段航道；抗日战争时整治涪陵至思南段，收效显著，乌江下游开始通航轮船。新中国成立后，经过多年不懈努力，消除百余处碍航滩险，改善了通航条件，贯通了川黔水运路线。

古代巴人靠近江河而居，熟悉水性，早在传说中的廪君时期就能以船作为交通工具，最初活动在湖北清江一带。后巴人不断迁徙，据晋朝常璩《华阳国志·巴志》记载："巴子时，虽都江州，或治垫江，或治平都，后治阆中，其先王陵墓多在枳。"江州即今重庆，垫江即今合川，平都即今丰都，阆中今仍为阆中，枳即今涪陵，由此可看出他们的迁徙路线都是沿江而行。建都涪陵时间最长，这时期，一部分巴人继续留守涪陵或逆江而上至重庆，另一部分则溯乌江而入黔中，包括今彭水、酉阳、沿河等地。

乌江以河道艰险闻名，在世人的心中是天险，汹涌澎湃、雄奇险秀而又神秘莫测。当年红军战胜天险，胜利渡过乌江，使得千里乌江威名远播，世人皆知。1935年1月15日至17日，在红军第五次反"围剿"失败和长征初期严重受挫的情况下，中共中央在乌江边上召开了遵义会议，确立了毛泽东的领导地位，是党的历史上一个生死攸关的转折点。近些年来，随着旅游与航运事业不断发展，这条神奇瑰丽的河流又逐渐为人们认识和熟悉。它那独特的自然风光、丰富的物产资源、多彩的民族风情，迎来了无数的专家、学者、骚人、商贾，这条"不是三峡胜似三峡"的"千里乌江画廊"，变成了中国大西南的一条重要的黄金水道。

乌江极险，但极险另一面是极美，独特的地理条件造就出了集山、水、洞于一体的自然景观群。

在沿河土家族自治县境内的132千米河段，从南至北由夹石峡、黎芝峡、银童峡、土坨峡、王坨峡等5个峡段组成"乌江山峡"，也称"乌江画廊"。两岸奇峰对峙、岩壑幽深、纤道绝壁、滩险浪急、怪石嵯峨、银泉飞瀑，正如一幅长长的画屏，"嵌"在画屏里的诸峡是一个整体，又各具特色。

夹石峡两岸的高山齐云，蓝天一线，峡风呼啸，江涛逼人，景观之多、之奇、之美为诸峡之冠。黎芝峡两岸，云雾缭绕的山峰若隐若现，壁立千仞直插江底，攀壁附岩的裸根藤蔓奇形怪状，石纤道和岁月形成的条条水线斑驳陆离，如岁月留下的神秘记录。银童峡左右，高山不时横截江面，峰回路转，山重水复，船行其间如入迷宫。土坨峡的山高水深谷幽，奇峰峻岭间有成片竹林、参天古树。土坨峡江面时宽时窄，江流时急时缓，两岸林木葱郁，竹影摇曳，轻纱一样的白雾缭绕在林间，那是从温泉袅袅升起的水汽。

「 乌江流域最有名的龚滩古镇 」

龚滩是乌江流域最有名的古镇，地处重庆市东南酉阳县的乌江东岸，已有1700多年历史。三国蜀汉时设涪陵郡、汉复县，龚滩镇即涪陵郡首府。交通便利，商贾云集，自古以来即是川（渝）、黔、湘、鄂客货中转站，素有“钱龚滩”之美誉。

明万历元年（公元1573年），山洪暴发，引起岩崩，坍塌的岩石横陈江中，成为乌江著名险滩之一。当年这里居民龚姓众多，此滩故名龚滩。明清时期，龚滩成为乌江上最大的水码头，兴盛400多年。抗日战争时，川江航运中断，沦陷区大量难民和内迁民族工业经乌江入川，故宫抢救出来的文物珍宝，都是经此运往重庆。龚滩的繁荣与忙碌在此时达到历史顶峰，汇丰银行亦在此设立了分行。

千百年来，此处居民在山险水恶、悬崖绝壁上架起吊脚楼群，并在临江一面设置精致的万字格花窗，江风江涛还有江景便涌入窗内。与吊脚楼相互映衬的，还有鳞次栉比的青瓦房、古朴幽静的四合院、青石铺就的石板街，行人的目光与脚步会伸向时间的深处。吴冠中名画《老街》产生于此，称其“是唐街，是宋城，是爷爷奶奶的家”。2001年10月，龚滩古镇列重庆十大历史文化名镇之首。2005年，因修建乌江彭水电站，龚滩古镇整体搬迁。2007年开始在下游约1千米处整体复建，2009年底基本完成，龚滩古镇又站在了世人面前。古老的龚滩连同它1700年的故事并没有沉到水下，它留在了历史的册页里。

高峡平湖

三峡锦绣，大坝风光。夔门雄伟苍翠，瞿塘重峦叠嶂。秀峰云生雨合，巫峡烟锁雾藏。兵书宝剑奇，西陵惊涛荡。截断巫山云雨，更立石壁西江。险滩沉库底，天堑通途畅。船出南津关，大城浮天光。两岸猿声悠悠，楚地绿野莽莽。峡尽江开旭日涌，山平水阔碧波漾。

神女守望，仙灯护航。情深深，雾茫茫。难忘满山红叶时，东来西往梦牵肠。野人隐林海，神农百草尝。红橘压枝，屈子归来；香溪照影，明妃新妆。江心石寨朱阁雅，彩云白帝轻舟唱。西风烈，桨橹摇；铁血激，国脉昌。黄陵庙中洪痕记，梅溪河畔岁月长。

高峡平湖，百年华章。巨轮上台阶，船闸五级接力；游船乘电梯，船机一体升降。水能发电，星河闪亮。蓄水一七五，江汉无恙；货运超亿吨，两坝辉煌。世界水电之都，文明宜居之乡。做人如锚，做事如帆；一路畅行，一路阳光。高歌猛进鸣笛远，中华盛世圆梦想！

日出高峡映平湖

“自三峡七百里中，两岸连山，略无阙处。重岩叠嶂，隐天蔽日，自非亭午夜分，不见曦月……”郦道元在《水经注》中这样描写三峡。

这里的山，重峦叠嶂，峭壁对峙，烟笼雾锁；这里的水，汹涌奔腾，惊涛裂岸，百折不回；这里的石，嶙峋峥嵘，千姿百态，如人似物。

瞿塘雄伟，环山峻峭。奉节，夔门壁立千仞，绝崖相对。赤甲山雄踞江北，略显红色；白盐山耸立江南，呈灰白色。两山隔江相对，绝壁如削，可谓天张一线，峡开一门。其上，峰峦齐天，山势飞动；其间，巨石横吞，飞云奔涌；其下，水流如箭，声如狮吼。瞿塘峡虽短，却“锁全川之水，扼巴鄂咽喉”，有“西控巴渝收万壑，东连荆楚压群山”的雄伟气势。

巫峡幽深，峦峰秀美。峡深谷长迂回曲折，奇峰嵯峨连绵，烟云氤氲缭绕。“放舟下巫峡，心在十二峰”。船行峡中，步步移景，景景奇绝，最著名的是巫山十二峰，十二峰中最为秀丽的又数神女峰。神女峰晨迎朝霞，暮送夕阳，亭亭玉立，立于山巅守护航行平安。“旦为朝云，暮为行雨，朝朝暮暮，阳台之下。”楚人宋玉为巫峡披上了一层神秘浪漫的色彩。

西陵滩险，峡中有峡。自西向东依次有兵书宝剑峡、牛肝马肺峡、崆岭峡、灯影峡、黄猫峡五个峡区，以及青滩、泄滩、崆岭滩、腰叉河等险滩。

西陵峡中部的三斗坪，据传有人曾在这里以三斗米开店。1938 年，爱国实业家卢作孚指挥民生公司船队，从湖北宜昌出发，冒着日军的炮火和飞机的轰炸，抢运战时物资和人员到四川，保存了中国民族工业命脉。毛泽东说，中国民族工业的发展有 4 个人不能忘记，卢作孚就是其中之一。卢作孚以“中国船王”名世，倡导“服务社会、便利人群、开发产业、富强国家”，创办民生公司，推进重庆北碚社会改革试验，默默推动中国进步。

“更立西江石壁，截断巫山云雨，高峡出平湖。”1953 年 2 月，毛泽东与时任长江水利委员会主任林一山谈到防洪问题时，确定了三峡上建坝、毕其功于一役的战略构想，三峡工程由此进入议事日程。毛泽东在不到 5 年时间里，先后 6 次过问三峡工程和长江水利建设问题。1980 年 7 月，邓小平先后视察三峡坝址、葛洲坝工程、丹江口水库，并在武汉召开会议研究三峡工程问题。1992 年 4 月，第七届全国人民代表大会五次会议通过了《关于兴建长江三峡工程的决议》。

峡托神女传新梦，坝起平湖泛彩舟。三峡工程 1994 年 12 月正式开工；2009 年 6 月，三峡电站 26 台机组首次并网发电，3 年后 32 台机组全部投产运营；2010 年 10 月，库区成功蓄水到 175 米。重庆以下，昔日滩多浪急、山高峡险的峡江，如今成为江阔水深、巨轮往来的平湖。

「长江三峡五级船闸」

船过三峡，有一种形象说法，即“大船爬楼梯，小船坐电梯”，说的就是船闸和升船机。三峡工程从根本上改善了重庆至宜昌段的航运条件，使万吨级船队直达重庆，2011 年，三峡过坝货运量突破 1 亿吨。三峡工程还可补给长江中下游干流枯水期流量，将荆江河段防洪标准由建库前的十年一遇提高到百年一遇，即使发生类似 1870 年千年一遇特大洪水，辅以必要分洪措施，也能使荆江地区免遭水患。

三峡工程蓄水后，因及时采取保护措施，原有的名胜古迹大多得以保全。

白鹤梁题刻位于涪陵城北长江中，为一块长 1600 米、宽 10 多米的天然巨型石梁，记录了近 1400 年来 72 个年份的枯水水位，堪称“世界第一古代水文站”。此处还有历代诗词铭文，书艺妙绝，刻工精湛，被誉为“水下碑林”。建库前，其在水位较低的枯水年份才会露出江面，形同白鹤，故有此名。蓄水后，白鹤梁题刻永沉江底。经反复论证，采用“无压

「涪陵城」

「雄踞孤峰石宝寨」

容器”方式对题刻密集区进行了原址水下保护。人们可从地面扶梯下到参观廊道，透过专用窗口观赏题刻。

碧波之上，石宝寨雄踞孤峰，拔地而起。明末农民首领谭宏起义，据此为寨。其塔楼倚山而建，飞檐展翼，视野开阔。该楼共12层，全系木质结构，是中国体积最大、层数最多的穿斗式木结构古建筑。三峡蓄水后，国家对石宝寨实施抢救性保护，即以围堤守护，形成一个巨大“石盆”。现在的石宝寨四面环水，唯以铁索桥与陆地连接，成为眺望三峡美景的“小蓬莱”。

白帝城在瞿塘峡口长江北岸，作为三峡起点，历代吟咏不绝。公孙述称帝，刘备托孤，使白帝城名垂史册。白帝庙曾祭祀公孙述，后改为祭祀刘备、诸葛亮，而后又加关羽等，形成“白帝庙内无白帝，白帝庙祭刘先帝”的别致格局。三峡蓄水后，白帝城三面环水，别有一种意境，游船可直达城中。

「三面环水白帝城」

「黄牛岩下黄陵庙」

黄陵庙坐落于西陵峡南岸的黄牛岩山麓，由山门、禹王殿、屈原殿、佛爷殿构成一条中轴线，分别建在逐次升高的四个平台上，是明代中期大型庙宇建筑的宝贵遗存。庙中楠木柱上两道洪痕，为公元1860年和1870年两次洪水所留，是长江近千年间最高洪峰的见证，为规划三峡大坝正常蓄水位提供了重要参考。

「山奇水秀大宁河」

“功盖三分国，名成八阵图。江流石不转，遗恨失吞吴”。相传诸葛亮为阻挡东吴入蜀，曾在梅溪河入江处列石为八阵图。有人考证，石头阵大略相当今日的防御工事。也有人认为，它是长江和梅溪河洪水夹砂移石形成的沙洲碛坝。随着三峡水库蓄水，梅溪河当年清清浅浅的溪水，如今已是身姿丰满，心清气爽地流向长江，那让诗人为之叹惋的八阵图也就深藏水底。

大宁河位于长江北岸，两岸峭壁悬崖，山奇水秀，河床陡峻，河中礁石、滩险密布。每遇山洪暴发，河水湍急，像一群被触怒的野兽，在高峡深谷中奔腾咆哮；而到枯水季节，流量很小，河面像一条碧透的细线，卵石、游鱼历历可数。

大宁河的精华在小三峡：龙门峡、巴雾峡、滴翠峡。小三峡南起巫山，北至大昌古镇。龙门峡峰峦对开，水流湍急，是小三峡门户。峡口两山雄峙，峭壁挺立，如同夔门。巴雾峡怪石凌空，峥嵘崔嵬。滴翠峡翠影横江，水流平缓。大宁河小三峡以上还有“小小三峡”。因此，有人戏称三峡“儿孙满堂”。

「翡翠水道神农溪」

神农溪发源于“华中第一峰”神农架的南坡，由北向南穿行于莽莽青山，于巫峡口汇入长江。相传，神农氏遍尝百草后下山，被一条蜿蜒曲折的溪流挡住了去路，他借助木排漂流，抵达长江。他经过的这条溪被后人称为“神农溪”。

神农溪被誉为长江三峡中的“翡翠水道”，素有“一里三弯，弯弯见滩”

之说。两岸狭窄壁立，滩多水浅，漂流之船与卵石摩擦，犹如陆地行舟。两岸拉纤不止，踏浪飞歌，保留了长江纤夫文化的原生态。

神农溪源头的神农架，南望三峡，东瞰荆襄，是一方古老神奇的土地。在3253平方千米的原始森林里，万壑葱茏，奇兽出没。早在20世纪70年代，就有人在此见到“野人”，当时，这一新闻引起各方面关注。此后几十年，“野人”的故事从未间断，至今仍在上演各种版本的传说，吸引众多游人前来探秘。

香溪穿岩越洞，水色如黛，澄清可掬。王昭君出生于香溪河畔，名列中国古代四大美女，姿容“落雁”。她出宫时，“丰容靓饰，光明汉宫，顾影徘徊，竦动左右”。传说，昭君入宫前常在溪中浣洗香罗帕，从此溪水生香，故得名。

香溪流经屈原故里秭归。这里峰叠云绕，花木葱茏，盛产柑橘。“后皇嘉树，橘徕服兮”，诗人在《橘颂》里由衷赞美家乡。香溪弯弯吟唱，青橘累累压枝，仿佛诗人与美人拨开千年风尘，徐徐走来。是山水哺育了人，还是人赋予了山水灵气？故事随着香溪碧水静静流淌。

“峡尽江开朝日出，山平水阔大城浮”。船出南津关，大江东去千里，两岸平野无垠。三峡之旅告一段落，长江自此进入中游。

锦绣三峡七百里

瞿塘峡又称夔峡，西起奉节白帝城，东迄巫山大溪镇，长约8千米，是三峡中最短、最窄而又最雄伟险峻的一峡，有“瞿塘天下雄”之称。它包括风箱峡、错门峡两小峡。三峡工程兴建前，这里河宽只有一二百米，最窄处不过几十米。两岸主要山峰高达1000~1500米。这里峡深水急，波涛汹涌，云天一线，正如郭沫若《过瞿塘峡》一诗所云：“若言风景异，三峡此为魁。”此段文物景观多而集中，有古栈道、古代巴人悬棺、大溪文化遗址等。

西端入口处，两岸断崖壁立，直插江底，相距不足100米，形如门户，名夔门，也称瞿塘峡关。山岩上有“夔门天下雄”五个大字。左边名赤甲山，略显红色；右边名白盐山，呈灰白色。在阳光之下两色相对，颇有奇趣。

「壁立千仞瞿塘峡」

瞿塘峡虽短，却“锁全川之水，扼巴鄂咽喉”，有“西控巴渝收万壑，东连荆楚压群山”的雄伟气势。杜甫描绘夔门水势，曰“众水会涪万，瞿塘争一门”，一个“争”字，便写尽此地形势，更将汹涌涛声托出。

巫峡又名大峡，在重庆巫山和湖北巴东两县境内，西起巫山大宁河汇入口，东至巴东官渡口，长约45千米，是三峡中既长又整齐的一峡。峡谷特别幽深曲折，由长江横切巫山主脉背斜而形成。

「幽深曲折的巫峡」

巫峡奇峰突兀，怪石嶙峋，峭壁屏列，绵延不断，是三峡中最可观的一段。神女峰站在这里已千年。

楚人屈原、宋玉，为三峡添上的人文色彩最为厚重。“若有人兮山之阿，被薜荔兮带女萝，既含睇兮又宜笑，子慕予兮善窈窕。”（屈原《九歌·山鬼》）一直到今天，船至巫峡，人们还不禁向着峡谷深处遥望，一边默诵屈子美妙诗句，一边遥想那美丽而神秘的山中女子模样。神女“旦为朝云，暮为行雨，朝朝暮暮，阳台之下。”（宋玉《高唐赋》）楚文化的神奇瑰丽像彩云在三峡缭绕。

「滩多水急的西陵峡已成为平湖」

西陵峡在湖北宜昌境内，西起香溪汇入口，东至南津关，长约75千米，在三峡中最长，以滩多水急闻名。整个峡区由高山峡谷和险滩礁石组成，峡中有峡，大峡套小峡；滩中有滩，大滩含小滩。自西向东依次有兵书宝剑峡、牛肝马肺峡、崆岭峡、灯影峡、黄猫峡五个峡区，以及青滩、泄滩、崆岭滩、腰叉河等险滩。

「马牙山下明月峡」

兵书宝剑峡在长江北岸，一叠层次分明的岩石，看似一堆厚书，还有一上粗下尖的石柱，竖直指向江中，酷似宝剑，传说是诸葛亮存放兵书和宝剑的地方。

牛肝马肺峡位于西陵峡上段，西距秭归香溪约 15 千米，千仞绝壁，隔岸相峙，大有束长江为一线之势。因江北岸绝壁上有两块自然下垂的形若牛肝和马肺的黄褐色钟乳石而得名。

崆岭峡，内有崆岭滩，是三峡中“险滩之冠”。滩中礁石密布，枯水时露出江面如石林，水涨时则隐没水中成暗礁；加上航道弯曲狭窄，船只稍不小心即触礁沉没。有民谣说“青滩泄滩不算滩，崆岭才是鬼门关”。古时船只过滩，多要将船上的货物卸下。新中国成立后，作为川江重点整治的滩险之一，崆岭滩经过多次炸礁、疏浚，得以畅通。

灯影峡又名明月峡，南岸马牙山上，有四块岩石屹立，形似《西游记》中唐僧、孙悟空、猪八戒和沙僧师徒四人。

黄猫峡得名于岸边一块形状似猫的黄色岩石。山形如黄猫蜷伏，风光绮丽，是从上往下西陵峡的最后一个峡谷。

「世界水电之都宜昌」

宜昌是世界水电之都、中国动力的心脏。宜昌古名夷陵，拥有 2700 多年的灿烂历史，清朝雍正年间改称“宜昌”，意寓“宜于昌盛”。宜昌地处长江中上游结合部，上控巴蜀，下扼荆襄，自古以来号称“川鄂咽喉，西南门户”，交通、军事地位十分重要。宜昌是巴楚文化的发祥地、世界文化名人屈原和民族友好使者王昭君的故乡、巴楚文化和土家风情水乳交融的地方，也是闻名遐迩的旅游胜地，大坝景观、峡江风光、民俗风情、历史文化等复合资源优势日益凸现。

百年梦想已成真

三峡工程是百年来几代国人的梦想。早在民国初期，孙中山先生在《建国方略》里就提出过建设三峡工程的构想。1930 年初，国民政府按此设想拟在长江上游筹设水电厂，并着手收集有关资料和图表，但除了 1933 年开展了较为初步的考察外，对坝区勘察工作始终未能深入进行。

抗战后期，美国派战时生产局局长纳尔逊担任中国政府高级经济顾问。纳尔逊到重庆后，便与蒋介石密商设立中国战时生产局，并由美国专家潘绥出任顾问。1944 年 4 月，潘绥向国民党政府提交一份题为《利用美贷筹建中国水力发电厂与清偿贷款方法》的报告，建议由美国贷款并提供设备，在三峡修建水电厂。同年 5 月，世界著名水坝专家、美国垦务局总工程师萨凡奇博士提出《扬子江三峡计划初步报告》，建议在南津关至石牌之间选址修建电站。中国政府于 1945 年组建三峡水利发电计划技术研究委员会，并在长寿设立全国水力发电工程总处、宜昌设立三峡勘测处。1946 年扬子江水利委员会进行地形测量和经济调查，钻探、航空测量等各项工作也逐渐展开。后因国内政治经济形势日趋恶劣，三峡工程设计工作于 1947 年 8 月停止。

新中国成立后，在党中央、国务院的领导下，三峡工程开始更大规模的勘测、规划、设计与科研工作。

从 1953 年 2 月乘“长江舰”视察到 1958 年 1 月南宁会议，毛泽东主席在不到 5 年时间里，先后 6 次召见长江流域规划办公室主任林一山，征询三峡工程和长江水利建设问题。1953 年 2 月，毛泽东与林一山谈到防洪问题时，伸手指向地图上的三峡所在，问林一山，“那为什么不在这个总口子上卡起来，毕其功于一役？就先修那个三峡水库怎么样？”1959 年长江流域规划办公室完成的《长江流域综合利用规划要点报告》明确将防洪作为未来三峡工程首要任务。

1970年12月，中共中央批准武汉军区和湖北省关于兴建葛洲坝工程的报告。在当时特殊的政治环境下，工程仓促上马，“边设计，边准备，边施工”，开工后暴露不少问题，并因此导致主体工程停工两年，修改设计。但是通过葛洲坝工程的建设，积累了很多宝贵的经验，也表明中国已有能力建设世界一流水利工程，消除了国内外对中国建设三峡工程技术上的质疑，减少了争论，有利于中央决策。

十一届三中全会召开后，四个现代化建设全面展开。中央将三峡工程提上议事日程。1980年7月中旬，邓小平自渝乘船东下，途中视察拟议中的三斗坪坝址、葛洲坝工地、丹江口水库和荆江大堤，听取长江流域规划办公室关于三峡工程的汇报。抵达武汉后，又召开会议研究三峡工程问题。

1984年2月，国务院财经领导小组在京召开会议，审查国家计委报送的《三峡水利枢纽150米方案可行性研究报告》。10月，重庆市提出不同意见，认为按150米方案，大坝抬高水位有限，水库回水末端仅在忠县至长寿间，长寿至重庆间的航道得不到改善，万吨级船队不能直达重庆，建议将正常蓄水位提高至180米。中共中央、国务院于1986年6月联合发出《关于长江三峡工程论证工作有关问题的通知》。原水电部迅即成立三峡工程论证领导小组，于1988年完成了14个专题论证报告。次年3月，根据各专题论证报告重新编制《长江三峡水利枢纽可行性研究报告》。

1990年7月6—14日，国务院召开三峡工程论证汇报会。绝大部分与会代表同意论证结论：“建比不建好，早建比晚建更为有利”。这年12月，国务院三峡工程审查委员会第一次会议决定，组织力量审查新编报告，并于次年6月审毕。

1991年7月中旬，国务院三峡工程审查委员会第二次会议决定，将新编报告上报国务院批准，再转报全国人民代表大会常务委员会审议。1992年4月，全国人民代表大会第七届五次会议，根据对议案审查和出席会议代表投票的结果，通过了《关于兴建长江三峡工程的决议》，要求国务院适时组织实施阶段。

三峡工程方案核心内容是：水库正常蓄水位175米，初期蓄水位156米，大坝坝顶高程 185 米，“一次开发，一次建成，分期蓄水，连续移民”。

高峡立坝兴绿电，平湖扬帆追彩云。三峡工程由大坝、水电站厂房和通航建筑物等主要建筑物组成，大坝为混凝土重力坝。水电站有32台单机容量70万千瓦的水轮发电机组，分设三个厂房：左岸坝后式厂房装机 14 台，右岸坝后式厂房装机 12台，右岸山体内的地下厂房装机6台。另有三峡电源电站装2台5万千瓦混流式水轮发电机组。通航建筑物包括永久船闸和垂直升船机，均建在左岸。永久船闸为双线五级连续船闸，单级闸室有效尺寸为长280米、宽34米、槛上水深5米，可通过万吨级船队，年单向通过能力5000万吨。升船机为单线一级垂直提升式，承船箱有效尺寸为120 × 18 × 3.5（米），一次可通过一艘3000吨级客货轮或1500吨级船队。

「高峡平湖」

三峡工程校核洪水位180.4米，正常蓄水位175米，汛期防洪限制水位145米，枯水期消落最低水位155米，相应水库总库容、正常蓄水位以下防洪库容和兴利库容分别为450亿立方米、393亿立方米和165亿立方米，具有防洪、发电、航运、供水等巨大综合效益。它可将荆江河段防洪标准由建库前的十年一遇提高到百年一遇；如遇超过千年一遇或类似1870年历史特大洪水时，辅以较可靠的分洪措施，可防止荆江地区发生毁灭性灾害。电站装机容量2250万千瓦，年发电量约900亿千瓦·时，可向华中、华东及华南地区提供大量清洁能源，并促进全国电网联网的形成。它可从根本上改善重庆至宜昌江段航运条件，使万吨级船队直达重庆。还可增加长江中下游干流枯水期流量，改善中下游航运条件和供水条件。

「长江三峡坝区风光」

看看三峡工程履历表：1992 年开始筹建；1994 年 12 月 14 日正式开工；1997 年 11 月 8 日实现大江截流；2002 年 11 月 6 日导流明渠截流成功；2003 年 6 月，三峡水库开始初期 135 米蓄水通航；2003 年 7 月 10 日，左岸电厂第一台发电机组开始发电；2005 年 9 月 16 日，左岸 14 台机组全部投产发电；2006 年 5 月 20 日，三峡大坝全线达到设计高程 185 米；2007 年 5 月 1 日，双线五级船闸完建，全面恢复通航；6 月 11 日，右岸电厂首台机组投产发电；2008 年，右岸 12 台机组全部安装完毕，水库开始试验性蓄水至 172.8 米；2009 年基本全面建成；2010 年 10 月 26 日，三峡工程试验性蓄水成功达到设计正常蓄水位 175 米，开始全面发挥防洪、发电、航运、供水等综合效益……

三峡工程承载着民族梦想，经多年论证、多年建设，高峡平湖已成现实，它将为中华民族的伟大复兴作出更大贡献！面对如此宏伟的工程，怎不让人感慨万千！

库区江河今与昔

三峡库区范围涉及湖北和重庆的 21 个县市，分常年回水区和变动回水区。按 145~175 米水位运行，从大坝前缘到 145 米水位水面线回水末端长寿黄草峡，为常年回水区，距三斗坪大坝前缘约 524 千米。蓄水至 175 米时，回水末端位于江津红花碛，距大坝前缘约 660 千米。从常年回水区末端黄草峡至红花碛，即变动回水区。库区内水系发育，除长江干流和嘉陵江、乌江等支流外，还有流域面积 100 平方千米以上支流 152 条，主要有五布江、御临河、龙溪河、黎香溪、渠溪河、龙河、小江、汤溪河、磨刀溪、长滩河、梅溪河、大溪河、大宁河、神女溪、抱龙河、小溪、神农溪、青干河、吒溪河、香溪、九畹溪等。

三峡是万里长江一段山水壮丽的大峡谷。三峡工程建成后，正常蓄水至175米时，形成一个狭长的高峡平湖。库区干支江面拓宽，水深增加，水色变蓝，沿江经济社会发展进入新的征程。部分自然景观、文物古迹永沉江底，而一些新的河湖景观又随之浮出水面。

三峡大坝在正常蓄水位175米时，坝前水位抬高约110米，水深大约从50米增加到160多米，往上游水位抬高程度逐渐较小，至水库末端江津红花碛抬高约0.5米。水面因蓄水而变宽，平均宽度达1100米，比天然江面增加约1倍。昔日滩多水急、高山峡谷的河道，变成江宽、水深、流缓的高峡平湖。2011年，三峡过坝货运量突破1亿吨。值得一提的是，三峡库区客运和旅游利用新资源，异军突起，迅速发展，重现了长江客运繁忙景象。

长江三峡及其周围地区是中华民族发祥地之一，蓄水后，众多的名胜古迹受到不同程度的影响。它们的命运如何，是人们关注的焦点。

按照“保护为主，抢救第一”和“重点保护，重点挖掘”的方针，采取重建、复制、摄影、仿造等补救措施，它们得到了最大可能的保护。

张飞庙，位于重庆云阳长江南岸飞凤山麓，始建于蜀汉末年，经历代整修，基本上汇集了历代建筑技术的精华。庙内保存有大量书画珍品，远至汉唐，近至明清，包括颜真卿、苏轼、黄庭坚、米芾、岳飞、郑板桥等名人墨宝。2002年10月，张飞庙重建于上游32千米处南岸石盘镇龙安村狮子岩下，保持了依山临江、与县城隔江相望的环境原貌。2003年7月，重建复原的张飞庙对外开放，传诵千年的张飞故事仍然激动人心。

「飞凤山麓张飞庙」

三峡地区，长江主流南北两侧如叶脉般的

「奉节瞿塘峡畔赤甲楼」

支流伸展而出，形成一条主脉与支脉紧密联系、相互贯通的巨大脉状水系。大坝蓄水，广泛影响区域水系。从万州至宜昌，两岸众多支流均较短促，并随着水库水位的涨落而改换容颜。

梅溪河古名瀼溪、西瀼水，长江左岸支流，发源于巫溪塘坊乡，由北向南流入奉节，在老县城东侧汇入长江。流域面积1932平方千米，干流全长117千米，有流域面积大于100平方千米的支流4条。梅溪河多险滩急流，落差集中，两岸有河谷带阶地和小平坝分布。支流有车家河、崔家河、花园河等。

奉节是三国文化遗址非常集中的地方。相传诸葛亮为阻挡东吴入蜀，曾在梅溪河入江处列石为八阵图。有人考证，石头阵大略相当今日的防御工事。还有人认为，它是长江和梅溪河洪水夹砂移石形成的沙洲碛坝。

大宁河位于长江北岸，古称盐水、昌江、高峰河、巫溪，是穿行于大巴山山脉和巫山山脉中的较大支流，沟通巫溪、巫山两县的主要交通要道。发源于大巴山南麓巫溪县新田，始名西溪河，至大河才称大宁河。从北往南，穿过巫溪、巫山之间的云崖险峰，在巫峡西口注入长江，全长162千米，流域面积4200平方千米。

「袖珍古城大昌」

大宁河的小三峡中滴翠峡北的大昌古镇，始建于晋，距今已有1700多年历史，是一座袖珍古城。所存建筑多属明末清初建造，东、南、西三道城门保存完好，还有几条保存较为完好的明清古街。2005年2月，大昌古镇整体搬迁，在距旧址8千米外的西包岭下大昌湖旁依原貌复建。复建工程巧妙利用地形，与环境极为协调，最大可能地保持了古镇原有的风貌。

长江三峡中段，有一条风景绝佳的小溪流，这就是神农溪。神农溪又名沿渡河，发源于“华中第一峰”神农架莽莽青山之中，穿行于深山峡谷之间，于巫峡口东2千米处汇入长江，全长60多千米，流域面积1047平方千米，是湖北巴东长江北岸一条常流性溪流，也是长江走出巫峡进入香溪宽谷之后第一条支流。

神农溪两岸多呈近乎垂直的壁堑，壁间最狭窄处仅7米，形成龙昌峡、鹦鹉峡、神农峡三个雄、秀、奇各具特色的峡段。其峡谷风光、纤夫文化、土家歌舞、龙舟竞渡都很有名。特别是船工号子、纤夫拉纤在长江三峡已绝迹多年，而神农溪上的拉纤项目因旅游发展的需要被保留下来，是三峡地区保存最好的纤夫文化“活化石”。

「香溪河畔昭君村」

香溪又名县前河、昭君溪，《水经注》称乡口溪，是西陵峡北岸汇入川江的最大支流，由东河和西河汇聚而成，两源在兴山县高阳镇西北部响滩汇流形成香溪河干流，于香溪镇兵书宝剑峡口汇入长江，长90多千米，流域面积3099平方千米。两岸秀峰重叠，云缠雾绕，林木葱茏，野花竞芳，山光水色，美不胜收。

香溪是一条十分美丽的小溪，流过石灰岩裂缝，经洞穴过滤沉淀，水清如黛，在长江交汇处清浊分明，相映成趣。在源头神农架木鱼寨以北3千米的地方，有著名作家徐迟手书的“香溪源”。

王昭君出生于香溪河畔兴山县宝坪村。宝坪村有昭君宅、望月楼、楠木井、梳妆台、明妃墩、琵琶桥等多处纪念昭君的遗迹，以及许多有关昭君的传说。每逢桃花争妍时，香溪河中可以看到一种形似桃花、晶莹透明的桃花鱼（桃花水母）。传说，昭君出塞前，从京都返乡，泣别乡亲之时，正值桃花盛开。念及从此永别故土，不觉泪如雨下，与水中桃花漂聚在一起，化成了美丽的桃花鱼。

三峡水库蓄水后，以前世外桃源般难以靠近的三峡深处，如今水运条件大为改善，行船大为方便，游客可乘游艇饱览峡谷深处的秀美风光。三峡水库的蓄水，改变了库区内干支流面貌，也为这里的经济社会发展带来了新机遇。

荆江蜿蜒

山尽水连天，长龙荡碧原。出蜀道，跨天堑。越平湖，揽云烟。浪起枝城港，波涌岳楼前。千湖襟带，三湘情牵。金堤屹立，翠柳成片。江汉入怀，春华争妍。河渠纵横，鱼米味鲜。青史奏凯歌，地灵人杰荆风远；三国留胜迹，火凤呈祥舞翩跹。

荆江多滩险，蜿蜒九盘旋。江挽湖，湖恋江，四口调弦；水冲沙，沙阻水，沸流涌泉。碾子湾，一点弯，点点弯；三八滩，一滩变，滩滩变。航道摆动，船舶出浅。河床高悬，岸崩土淹。洪波翻滚，威慑荆沔。水患频发铁牛叹，肠梗阻延梦回天。

湘鄂江湖远，碧波舒画卷。航道建设大幕开，畅通中游海梦连。抛石沉排，护岸固沿。填槽促淤，遏变治浅。拓宽卡口瓶颈，谱写壮腰新篇。一寸水深一寸金，巨轮往来宏图见。两沙运河白鹭飞，洪湖湿地蒹葭绵。麋鹿欢跑，鲟豚翔潜。万顷稻香，一川青莲。荆州悠古韵，情动白云边。

荆江蜿蜒接洞庭

「翠柳荆江」

公元725年，李白由三峡出川，即感豁然开朗："山随平野尽，江入大荒流。"宜昌以下，长江江面顿时开阔，此段因流经荆州得名荆江。洞庭湖在荆江末端城陵矶入汇，过武汉到江西湖口为长江中游。

荆江蜿蜒盘旋，滩多水浅、崩岸频繁，素有万里长江，险在荆江之说。新中国成立后，国家加大投入对其进行治理。今日荆江，金堤屹立，翠柳成行。荆江航道整治工程畅通长江中游，舞动巨龙钢腰。

清江是长江出三峡后接纳的第一条支流，地处鄂西南，有"八百里清江美如画"的盛誉。《水经注》称其"水色清照，十丈分沙石。蜀人见其澄清，因名清江也"。流域武落钟离山是土家族先祖——古代"巴人"发祥地。

荆州是楚文化发祥地之一。春秋战国时期，20代楚王在此定都长达400余年。《三国演义》全书有2/3篇幅涉及此地。关羽镇守荆州10年，留下千古传奇。古城墙始建于三国，历经沧桑依然巍峨。

「八百里清江」

三国文化还演绎了赤壁的千古风流。武赤壁位于长江边的蒲圻，1998年更名赤壁市，当年吴蜀联军在此借东风大破曹魏；文赤壁则位于湖北黄州，苏轼在此留下《念奴娇·赤壁怀古》和前后《赤壁赋》。

"荆南四河"即松滋、虎渡、藕

池与调弦河，江水通过四河分流入洞庭，湖水再由城陵矶处汇入长江。因有荆南四河，长江洪水得以分流到洞庭湖；若无洞庭湖接纳，江汉平原将成为泽国；正是长江的注入，洞庭湖的生态可保良性循环。所谓水网，就是这样互相依存的共生系统。

「荆州古城」

遥望洞庭山水色，白银盘里一青螺。唐代诗人刘禹锡把洞庭湖比作一个洁白的银盘，而把俊秀的君山喻为银盘中的一枚青螺。从岳阳楼上看去，这个比喻十分传神。

忧乐情怀伴岳阳楼名垂千古。岳阳楼建筑风格以“三层、四柱、飞檐、纯木、盔顶”著称：高三层，寓意“一生二，二生三，三生万物”；承四柱，合抱楠木金柱直贯楼顶，承载全楼之重，经岁月剥蚀仍昂然耸立；起飞檐，一楼茶花护凤，二楼海藻绕龙，三楼荷花托云，合为龙凤吉祥；全纯木，未用一钉一铆，全由榫卯咬合而成；戴盔顶，势如临阵大将，在中国现存古建筑中独一无二。

「岳阳楼」

八百里洞庭，天下几何？历史上，洞庭湖曾为中国第一大淡水湖，后因围垦及泥沙淤积，逐渐缩小。如今已退为中国第二大淡水湖。洞庭湖以松滋、太平、藕池、调弦“四口”承纳长江来水，又汇聚湘、资、沅、澧“四水”补充长江水量，对长江有重要的调蓄作用。

四水之首看湘江。湘江是洞庭湖水域最大的河流，湖南因此简称湘。“独立寒秋，湘江北去，橘子洲头。看万山红遍，层林尽染；漫江碧透，百舸争流。”毛泽东以湘江秋景起笔，将沉浮宏图融于壮阔景色，让湘江之美更上层楼。

「岳麓书院」

湘江边的岳麓书院历经宋、元、明、清，1903年改制为湖南高等学堂，1926年正式定名湖南大学。公元1168年8月，朱熹从福建崇安来到长沙，与张栻朝夕晤谈论道，以君子风度进行学术争论，史称“朱张会讲”。

灵渠为中国古代著名水利工程。公元前219年，秦始皇下令修建灵渠，沟通长江与珠江水系，为推进国家统一发挥了巨大作用。灵渠有南北两渠、分水铧嘴、大小天平和泄水天平，全长36.4千米。立于灵渠分水塘高处，可见湘漓分派：形如犁铧的石堤铧嘴将海洋河水一分为二，其中七分由北渠进湘江，三分经南渠入漓江，即所谓“三分漓水七分湘”。时光荏苒，当年漕运繁忙的景象已经远去。今日灵渠古树成林，渠水清澈，鸟语花香，是游览的绝佳去处。

资水又名资江，流经湖南中部，沿岸险峻，山高谷深，有七十二险滩。在资水上行船放排需相当勇气。如今，资水航运业渐渐淡出历史舞台。

沅水是湘西的母亲河，上游有著名的“五溪”，即酉水、武水、辰水、溆水、舞水五大支流。古称武陵的常德，沅水从它身边静静流过。陶渊明的《桃花源记》为沅水披上了“隐逸文化”的浪漫色彩。

沱江为沅水支流，慢悠悠地从小城凤凰淌过，与江边吊脚楼似乎有说不完的话。街上明清风格建筑依旧，处处透着一种返璞归真的美。

「灵渠」

澧水在“四水”中长度最短，位于洞庭湖西面，款款东

「湘西母亲河沅水」

流，文化丰厚。澧水两岸，古称“小洞天”，意谓神仙居住的地方。

长江由北向南自湖北进入湖南，又由西南向东北沿两省省界回到湖北，犹如穿针引线，将两省紧紧连在一起。“惟楚有材，于斯为盛”。两省底蕴深厚，人才辈出，在历史上写下浓重一笔。

湖湘子弟质朴刚毅，经世济用。“大将筹边尚未还，湖湘子弟满天山”，说的就是左宗棠古稀之年经略西北，率军击溃沙俄收复新疆之壮举。曾国藩、左宗棠、彭玉麟、胡林翼等集湖湘文化之大成，率湘军收疆保台，南征北战。余香流泽，这块土地孕育了毛泽东、刘少奇等杰出人物。

「沅水支流沱江」

“天上九头鸟、地上湖北佬”，九头鸟是人们对湖北人的雅称，源于上古神话中的九凤。楚人以凤凰为图腾，九头鸟便成为文化符号。湖北九省通衢，四通八达，造就了见多识广、精明强悍的湖北人，九头鸟则成了智慧聪明、敢作敢为的化身。楚庄王、张居正、董必武、李先念，即是其杰出典范。

三千里汉水，从秦岭涓涓而出，汇成长江最大的支流，与长江、黄河、淮河并称“江河淮汉”。刘邦得天下，定名为汉，乃因兴起于汉中。汉族、汉人、汉字，莫不渊源于汉江。

「得两江之便的武汉」

江汉运河由来已久。楚庄王时开凿杨水运河，从沙洋直通江陵，使楚国逐鹿中原一鸣惊人。随历史变迁，这条运河时淤时通。如今，随南水北调中线工程实施，引江济汉再造江汉运河，千吨级船舶从沙市到潜江仅 67 千米，比沿长江绕道武汉缩短水程 680 千米。江汉运河建成后，一个环绕江汉平原、内连武汉城市圈的 810 千米黄金航道圈圆满形成。顺流而下，长江与汉水交汇之处，便是武汉。

武汉得两江之便，拥三镇之雄。清末张之洞督鄂期间推行新政，使武汉“驾乎津门、直逼沪上”，瞩目全国。1911 年，辛亥首义在武昌爆发；1926 年，国民政府迁都于此；1937 年，这里成为全面抗战指挥中心。今日江城奏响建设国家中心城市的号角。

武汉风景秀丽，名胜众多。龟山蛇山隔江相望，黄鹤楼名闻天下，归元寺香火旺盛，古琴台诉说高山流水的故事。两江四岸虹桥座座、帆影点点，江滩公园风光如画、游人如织。汉正街汇聚四海，货畅五洲。

牵手龟蛇两山的武汉长江大桥，为长江上第一座公铁两用桥。1953 年，毛泽东在新中国成立后首次来汉，亲自到现场勘察，并与有关专家议定建桥方案。1957 年 9 月通车前夕，毛泽东兴致勃勃，从汉阳桥头一直走到武昌桥头堡，并挥毫：“一桥飞架南北，天堑变通途。”

渡江节是武汉的一张特色名片，这缘于毛泽东曾在汉 17 次畅游长江。每年 7 月 16 日，国内外游泳健儿会集江城，搏风击浪，两江四岸一时人山人海。

「武汉长江大桥」

武汉号称“百湖之城”，166 个

「武汉东湖」

湖泊镶嵌城中。33平方千米的东湖是中国最大的城中湖，如玉盘点缀江城。左有磨山，右有珞珈，翠微重楼，月明轻舟，四时相宜，钟灵毓秀。武汉大学坐落东湖之滨、珞珈山下。阳春三月时，武大樱花盛开，如雪似雨，漫空飘舞，沉醉游人。

黄鹤楼乃天下江山第一楼。今楼以清“同治楼”为原型重建。当年“同治楼”毁于火灾后，张之洞曾有意重建，甚至想用钢铁作材料，以保名楼永安。铁楼虽未建成，但今楼仍以它金碧辉煌的雄姿傲立世间。黄鹤楼的平面设计为四边套八边形，谓之“四面八方”。各层重檐形如黄鹤，展翅欲飞，富于变化美感。登楼可见长江大桥飞跨南北，龟山电视塔直插蓝天，琴台大剧院水袖起舞，江城秀色尽收眼底。

「黄鹤楼」

白云悠悠，黄鹤翱翔，今日两江三镇，早已换了新颜。

险在荆江说往事

船行荆江，看不到上游那种急流险滩和绝壁峡谷，而是“江流天地外，山色有无中”的平旷、开阔，让人为之心胸舒展。但此处乃水患频发之乡，非高枕无忧之地，不然又怎么传下一句“长江万里长，险段在荆江”呢？

长江洪灾多发生在中游，中游又以荆江为最。据调查，荆江河段自

1153 年到现在的 800 多年间，宜昌流量大于 8 万立方米每秒的洪水有 8 次，大于 9 万立方米每秒的有 5 次，洪峰流量最大的是 1870 年的 10.5 万立方米每秒。而荆江河槽安全泄量仅为 5 万立方米每秒。每年汛期，两岸堤防均处于严重的洪水威胁之下。加之堤防矮、小、薄，隐患密布，一遇洪水侵袭，即险情丛生，稍有疏忽，即可能溃决成灾。据考证，在公元 1376—1949 年的 573 年中就有 267 次，平均两年多一次。1788 年的水灾，荆州“兵民淹毙无算，号泣之声，晓夜不辍，登城全活者，露处多日，难苦万状。下乡一带，田庐尽被淹没”，其情其景，惨不忍睹。

一到汛期，荆江两岸就受洪水威胁，荆江堤防向为世人所重视。荆江大堤位于荆江北岸，始建于东晋，上起枝城枣林岗，下迄监利城南。东晋永和元年至兴宁二年（公元 345—364 年），荆州刺史桓温令陈遵沿江陵城筑金堤，史书记载“屹屹金堤，始自宣武”。宣武即桓温。

随着云梦泽淤积演变，沙市以上堤段建成于唐代中期，北宋中期后堤围逐渐向下游发展，大堤大致在元代初期形成。1542 年，北岸最后一个分流口郝穴堵塞，大堤联成一线，全长 124 千米，被人称作万城大堤，又名万安大堤。清乾隆五十三年（公元 1788 年），长江发生水灾，万城大堤溃决，水淹江陵城。

新中国成立后，国家采取一系列重大措施，不断加强荆江堤防，使之成为保障江汉平原的重要屏障。1951 年，将堆金台以上 8.35 千米堤划入荆江大堤；1954 年，将下游 50 千米原有干堤划为荆江大堤范围。至此，荆江大堤全长 182.35 千米。

「长 180 多千米的荆江大堤」

1952 年 3 月 31 日，政务院作出《关于荆江分洪工程的规定》。1952 年春，荆江分洪工程开工，30 万军民以 75 天的惊人速度建成荆江分洪第一期主体工程。整个工程于 1953 年 4 月 25 日完工，分洪区面积 927 平方千米，蓄洪量 54 亿立方米，与涴市、虎西及人民大垸合计总面积达 1358.34 平方千米，总有效蓄洪量 71.6

「武汉战胜 1954 年特大洪水纪念碑」

亿立方米，分洪区联合运用可削减荆江洪峰流量 2 万立方米每秒。

工程刚刚建成，就迎来长江流域百年罕见的特大洪水。1954 年汛期，上游洪水来量大，无法依靠荆江河道安全泄洪，中央防汛总指挥部果断决定，首次运用荆江分洪工程，先后三次开闸泄洪，确保了荆江大堤及武汉的安全，发挥了荆江分洪工程的巨大作用。

44 年后的 1998 年，长江流域再次遭遇特大洪水，荆江全线吃紧，荆江分洪区已作好分洪准备。而在武汉，长江与汉水的闸口全都封闭，防汛形势异常严峻。凭全线军民严防死守，还有决策上的正确果断，湖北安全度过汛期，避免了分洪损失。

今天，加固改造后的荆江大堤更加雄伟壮观，不仅担负着保护广大人民群众生命财产安全的重任，而且建设后的大堤内外，工程建设与自然景观完美结合，相得益彰。三峡工程运行后的荆江大堤更加安全，站在堤上抚今追昔，让人生出无限感慨。

从三峡奔腾而出，长江在两湖平原上左冲右突。石首一带，更是水深流急、崩岸频繁，为荆江地势最险的河段。多年来，就流传着“荆江之险，险在石首”、“石首河湾，曲冠荆江”等民谣。

清咸丰十年（公元 1860 年）前，下荆江河道还比较顺直，在藕池口溃口分流后，江流减少，流速变缓，泥沙淤积，河道逐渐发展成蜿蜒型。河道在水流的作用下，凹岸不断崩坍，河弯变得更加弯曲。河弯继续自由发展就形成几乎对穿的河环，而河环狭窄处一旦被洪水冲穿，便发生自然裁弯。史载的自然裁弯先后有明末监利县老江河、东港湖；公元 1821—1850 年间监利县西湖；公元 1886 年石首街河、月亮湖；公元 1887 年石首古丈堤、大公湖；1909 年监利尺八口；1949 年石首碾子湾；1972 年石首沙滩子等。

1967年石首中洲子实施人工裁弯，缩短河程28.9千米。1969年监利上车湾实施人工裁弯，缩短河程35.8千米。1949年前，长江干流流经石首全境的流程达160千米，60多年来经过几次大的裁弯取直，江段缩短流程69.7千米。裁弯取直后，河道流向改变，可平衡过流能力，减轻洪涝威胁，缩短河道航程，为进一步治理江河提供了宝贵经验。

新中国成立后，在“确保荆江大堤，江湖两利，蓄泄兼筹，以泄为主”的治理荆江总方针指导下，进行了一系列人工裁弯取直工程。

取直后的新河道坡降变大，流速增大，冲刷能力增强，河道迅速扩大，有可能发展成新的弯曲。老河道则相反，大量泥沙堆积，逐渐与新河道隔绝，最终成为湖泊，形状多似牛轭、月亮或马蹄，地理学上称为“牛轭湖”，也就是地图上所见到的“长江故道”。长江故道多集中在下荆江江段石首、监利境内，主要有石首北碾子、天鹅洲、中洲子，监利上车湾、老江河等。另外，监利尺八口，石首月亮湖、大公湖、西湖和黄家拐湖等，也都是荆江旧河道的残迹。位于监利尺八口镇的老江湖长21千米，是中国最大的牛轭湖。这一片故道江宽水深，水质优良。石首北碾子故道，有国家级老河渔场；石首天鹅洲故道，有白鳍豚、麋鹿两大国家级自然保护区，再现了《墨子·非攻》中“荆有云梦，犀兕麋鹿满之”的景象。在人与大自然和谐共处时，大自然展现了最温柔、最美丽的一面。

湘资沅澧聚一湖

洞庭湖以南约21.2万平方千米的土地上，写着一个名字——湖南省。这个文化蕴藏量十分丰厚的省份，有一条名叫湘江的河流贯穿南北，另有三条主要河流资水、沅水、澧水环绕其中，构成湘资沅澧聚一湖的水系格局。

湘江又名湘水，位于洞庭湖水系东部，洞庭湖的南面，全长867千米，流域面积9.47万平方千米，平均流量2510立方米每秒，年平均径流量 771 亿立方米，是洞庭湖水系流域面积最大的河流，湖南因有湘水而简称“湘”。

「湘江」

湘江有东、南二源，以东源白石河为主源，出自南岭山脉都庞岭西侧海洋山近峰岭，广西兴安县白石乡塘口田村；南源海洋河，源于都庞岭西侧海洋山龙门界，广西灵川县海洋乡大江村。

湘江支流中，流域面积大于 100 平方千米的有 271 条，大于 1000 平方千米的有 27 条，其中一级支流 17 条。

人们常以“三湘”指代湖南，究竟何为“三湘”？有一种说法是，湘水上源与漓水合流后称漓湘，中游与潇水合流后称潇湘，下游与蒸水合流后称蒸湘，故名“三湘”。上游有中国古代著名水利工程灵渠，联通了长江、珠江两大水系。中游有五岳之一的衡山，回雁峰为衡山 72 峰之首，传闻北雁南飞到此而回，历代诗人对此多有吟咏。下游有韶山、岳麓山国家级风景名胜区、中国历史文化名城长沙；韶山毛泽东故居、宁乡刘少奇故居、湘潭彭德怀故居等。

湖南省会长沙具有 3000 多年历史。湘江西岸的岳麓山为南岳 72 峰之一，毛泽东《沁园春·长沙》词句“万山红遍，层林尽染”，寥寥之语，将岳麓秋景色彩、意境一笔画出。长 5.4 千米、宽 100~300 米的橘子洲纵贯江心。长沙名胜古迹多，文物遗存丰富。宁乡出土的四羊方尊，被视为商代青铜器精品。楚墓中出土的钢剑，把中国碳钢出现时间由楚国晚期推前到春秋末叶；出土的一支毛笔，则推翻了秦代蒙恬造笔之说。汉墓出土文物多达万件以上，尤以马王堆 1、2、3 号墓出土文物最为丰富，其中素纱禅衣，薄如蝉翼，被称中国纺织品之最。

「湘江橘子洲头」

1996发现的吴国纪年简牍，数量达17万片，记载100多万字，超过了以前已发现简牍的总和。长沙是一座具有光荣革命历史的城市，中国共产党早期许多领袖人物，都曾在长沙活动，留下许多遗址、纪念地。

资水有左、右二源，左源为赧水，右源为夫夷水。赧水比夫夷水流域面积大，夫夷水则比赧水长，都曾作过主源。今以左源赧水为正源，出于雪峰山南端东侧青界山黄马界南麓，湖南城步县西岩镇高峁塘。夫夷水源出广西资源县境的越城岭北麓。

资水又名资江，位于湖南中部，长653千米，流域面积2.81万平方千米，落差492米，多年平均流量767立方米每秒，年径流量242亿立方米。

资水流域面积大于100平方千米的支流有69条，其中大于1000平方千米的支流有6条，分别为左岸的蓼水、平溪和右岸的夫夷水、邵水、洢水、志溪河。

资水沿岸险峻，山高谷深，有七十二险滩。在没有公路的年代里，沿岸民众靠河运与外界沟通，从洞庭湖区运进大米、布匹、百货等，运出本地的竹、木、煤、土纸、茶叶、干竹笋等特产。水运既兴，以撑船放排为生的人也就多。资水以益阳为界分两段，以上称山河，以下叫外河。山河航行需与险滩急流搏斗，外河航行则与风浪搏斗，船工每次出去就做好了不归的打算，没有胆量的人当不了资江船工。1962年，柘溪水电站修建后，资水航路阻绝，加上铁路、公路等的飞速发展，人们出行和货物流通越来越方便，资水航运业日渐平淡，但资水船工的故事和号子却流传下来。

资水下游右岸桃江县城北的凤凰山，有屈原创作《天问》的遗迹天问台。长诗《天问》一口气提出170多个问题，对宇宙形成、天体运行、四方地理、自然现象、人类历史、历代兴衰……莫不欲一溯其源，穷究其理。

沅水位于洞庭湖水系西部，长1033千米，流域面积8.96万平方千米，多年平均流量2124立方米每秒，年径流量671亿立方米，是洞庭湖水系中最长的河流。沅水是湘西古老的母亲河，上游有著名的“五溪”，

「酉水畔的"芙蓉镇"」

即酉水、武水、辰水、溆水、舞水五大支流。

沅水有南、北两源，北源重安江、南源龙头江。以南源为正源，发源于云贵高原苗岭斗蓬山南麓，贵州贵定县东部。自源头贵定进入都匀境内，左纳杨柳河，南流进入都匀市区。经麻江至凯里，左纳北源重安江，始称清水江。经台江、剑河至锦屏县城左纳六冲河，经天柱县进入湖南境内。沿芷江与会同边界流至托口镇右纳渠水，始称沅水。至洪江城区左纳舞水，于怀化市右纳巫水。经中方、辰溪进入溆浦县境，右纳溆水。复入辰溪县境，左纳辰水，进入五强溪水库库区。沿泸溪与辰溪边界行，至泸溪左纳武水，至沅陵县城左纳最大支流酉水。过五强溪水库，至桃源县左纳白洋河。入常德市区，于德山镇注入洞庭湖。

古称武陵的常德就在沅水岸边。"晋太元中，武陵人捕鱼为业，缘溪行，忘路之远近，忽逢桃花林……"这是陶渊明《桃花源记》的开头。文中晋代渔人沿着溪水，走进一个奇异的时光隧道，穿越晋、魏、汉，来到秦代村庄，受到秦人热情接待。这个故事寄托了陶渊明的社会理想，"世外桃源"也成为一个美丽而浪漫的名词。桃花源始建于晋，初兴于唐，鼎盛于宋，毁于元，明清时兴废交替。孟浩然、王昌龄、王维、李白、杜牧、刘禹锡、韩愈、陆游、苏轼等在此留下了许多珍贵诗文。这里有山水田园之美，寺观亭阁之盛，诗文碑刻之丰，历史传说之奇，别具一种"隐逸文化"色彩，代表着中国传统文化的一个层面。

「沅水边的世外桃源」

沅水最大支流酉水，又称更始河、酉阳河，长 477 千米，有南、北二源，北源为正源，出于湖北宣恩县酉源山，南源出自贵州松桃县山洋溪。两源在重庆秀山会合，流入湖南保靖县境，在沅陵注入沅水。

「沱江边的凤凰小城」

2002年6月，酉水最大水码头龙山里耶镇出土了一批秦朝简牍，这是继兵马俑后秦代考古又一惊世发现，是研究秦的统一、秦文化的传播、秦王朝地方政权的一个标本。这个被称为“21世纪的重大发现”、“中国南方会说话的兵马俑”，改写了整个湘西文明史，动摇了千百年来认为湘西沅水流域乃“蛮荒”之地的成见。这批秦简约3.6万枚，20余万字，古隶体字。纪年从秦王政二十五年至秦二世元年（公元前222—公元前209年），记事详细到月、日，十几年连续不断，堪称百科全书般的日志式实录，填补了该地区历史记载的空白。里耶这座古城不仅发现了秦简，还发现了面积近2万平方米的古城墙、城壕，百来座古墓葬，以及战国至秦汉时期的大量文化遗存。2010年10月，里耶秦简博物馆正式向公众开放。

同为“五溪”之一的武水，有条非常有名的支流——全长131千米的沱江。别看它只是沅水支流的支流，其长度、流量也无法与位于四川的长江一级支流沱江相比，但却是湘西名城凤凰的母亲河。凤凰处处透着一种返璞归真的美。沱江慢悠悠地从城里淌过，似乎与江边吊脚楼有说不完的话。街上明清风格建筑依旧，仿佛从没变过模样。女人在江边自顾自地浣洗衣裳，棒槌打在衣服上，水花飞溅，又落回江里。这里的男女老少愿意陪伴沱江，舍不得离开。在凤凰小城，走出了沈从文、熊希龄、黄永玉等名人大家。

“四水”中长度最短的澧水，位于湖南西北部、洞庭湖水系西面，长388千米，流域面积1.86万平方千米，多年平均流量560立方米每秒，年径流量177亿立方米。澧水因其上游有“渌水六十里，水成靛澧色”而得名，连同它的8条支流温水、渫水、黄水、茹水、道水、溇水、澹水和涔水，合称“九澧”。

澧水有北、中、南三源：北源为主源，出于湘鄂边界武陵山脉八大公山杉木界，湖南桑植县五道水镇花鱼泉；中源出湘鄂边境八大公山东麓；南源出永顺县龙家寨。

悠悠澧水，日夜东流，文化遗存丰厚。关于澧水的记载很早，《尚书》“舜放驩兜于崇山”的崇山就在澧水河边；《禹贡》有“凿山导河，引江入澧”的记载。在中国文化史的版图上，澧水处于中原文化与南方文化结合部。多元文化的相互激荡与融合，成就了这里多彩的文化生态。书院、宗祠、牌楼、老寺、古塔，以及巫俗、傩戏、山歌、侠风，有形与无形的文化遗存，诉说着岁月的沧桑。“九澧”也各有千秋：溇澧上游是世界自然遗产、世界地质公园武陵源风景名胜区；渫澧上游是湖南屋脊壶瓶山；涔澧两岸，是屈原徘徊行吟的地方，“望涔阳兮极浦”（《九歌·湘君》），屈子在这里留下的许多痕迹让人追思怀念。

武陵源自然风景区由张家界国家森林公园、索溪峪、天子山、杨家界等景区组成。张家界古称青岩山，又名马鬃岭，位于张家界市西北。据说，汉高祖刘邦平定天下后，猜忌功臣、滥杀无辜。留侯张良为此心寒，远走江湖，隐居青岩山，修仙学道，青岩山也因此叫作张家界。主峰朝天关，海拔1300多米，属武陵山脉尾段，为武陵源景区主要部分。张家界森林公园是中国第一个国家森林公园，

「澧水流域武陵源自然风景区」

总面积约133平方千米，保留了许多原始森林、第四纪冰川期孑遗树种。这里的峰林和峡谷地貌独特，有“峰三千，水八百”之称，九十二岩十八峰形态各异。境内孤峰如巨笋傲指苍穹，溪流如彩带铺展峡谷。黄石寨之雄、袁家界之奇、金鞭溪之幽、杉刀沟之野、琵琶溪之秀、腰子寨之险，无不令人叹为观止。天门山巍然挺立，四面绝壁，巨大石洞如通天之门，是世界上最大的穿山石洞，终年云遮雾绕，远望犹如神仙境界，令人生出

无穷遐想。

道水流经的临澧县城东十里的宋玉村，相传是 2200 多年前宋玉被楚襄王放逐的地方。宋玉死后，他的弟子将楠竹锯短、打通，做成简单乐器，边击打竹筒边作歌以怀念老师。后来，澧水河畔捕鱼为生的渔民有事时，也集聚一起，一边饮酒放歌，一边击打竹筒、竹板，传承楚文化。受宋玉《九辩》《招魂》结构的影响，这些唱词讲究文采，章句整齐，极富土家文化色彩，是九澧渔鼓的雏形。

汉江西来故事多

汉江河道逶迤曲折，自古有“曲莫如汉”之说。自陕西迤逦而来，在湖北武汉汇入长江。汉江干流全长 1577 千米，流域面积 15.9 万平方千米，多年平均流量 1602 立方米每秒，年径流量 566 亿立方米，绵长曲折的汉江与它的数百条支流流淌着数不完的故事。

《诗经 · 汉广》这样吟咏汉江，“南有乔木，不可休思；汉有游女，不可求思。汉之广矣，不可泳思；江之永矣，不可方思”。

汉江发源于陕西秦岭南麓，有南、北、中三源，即南河（又名玉带河）、沮水、漾水。北源沮水为主源，源出陕西留坝县与凤县交界处的紫柏山南麓黄花坪沟。源头由北向南流，桃园以下始称汉江。于陕西勉县左纳褒河，东流经陕南名城汉中。在城固县左纳湑水河，至洋县与西乡县交界处左纳子午河。过石泉县石泉水库，在紫阳县城右纳任河。入安康水库，再至旬阳县左纳旬河。东流至湖北郧西，成为湖北与陕西界河，至郧西夹河镇左纳夹河。出陕西白河县城后，干流全部进入湖北省境。至郧县右纳堵河，东流进入丹江口水库，至丹江口市左纳丹江。在谷城右纳南河，至襄阳左纳唐白河，过宜城右纳蛮河。东南流至钟祥境内，过潜江、

「在汉口汇入长江的汉江」

沙洋。东流经潜江、天门、仙桃，至汉川左岸有汈汊湖水排入，至新沟有汉北河来汇，于汉口龙王庙入长江。汉江流域面积100平方千米以上支流364条，其中1000平方千米以上43条；5000~10000平方千米支流有旬河、夹河、唐河、南河、汉北河；10000平方千米以上有堵河、丹江、唐白河。

丹江口以上为上游，长约925千米，河道两岸坡陡河深、水急多滩。丹江口至钟祥碾盘山为中游，长约271千米，流经丘陵河谷盆地，河床不稳定、沙滩甚多。碾盘山以下为下游，长约381千米，两岸堤防完整，护岸工程较多。干流中下游两岸在历史上原有许多穴口和支流，后因日渐淤塞与堵筑，多数支流已淤废。明朝时，为维护献王陵寝，将左岸穴口全部堵塞。明隆庆年间（公元1567—1572年），张居正为保护其祖坟，在右岸修筑沙洋大堤，并堵塞位于今洪湖市的长江茅江口。这使得汉江河身约束在狭隘的干堤内，最大洪水流量超过安全泄量四五倍，再加上长江洪水顶托，汉水常因泄洪不畅酿成水患。

1869年，汉江大水，潜江市泽口溃口，形成现在东荆河分流，分流量占汉江四到五成。东荆河流经潜江、监利、洪湖、仙桃，于武汉蔡甸区沌口注入长江，全长约344千米，流域面积4298平方千米。

1949年后，除全线修筑堤防外，上游干支流上先后建有安康、丹江口、王甫洲、黄龙滩等水利枢纽工程，下游修建汉北排涝工程、杜家台分洪工程等，这些工程使防洪压力大大减轻，还兼有灌溉、航运、发电、养殖之利。

汉江南北走向段介于古代中原黄河流域与长江流域之间。自古以来，沿汉江走廊就是黄河、长江两大水系之间的水陆交通要道，历史在给汉江流域留下许多故事的同时，也留下诸多名城。

上游的汉中，位于陕西西南部，是汉文化发祥地，其得名便是因为汉江，作为行政建制名称，则始于秦。据《史记·秦本纪》载："秦惠文王更元十三年，攻楚汉中，取地六百里，置汉中郡。"凭借富庶的汉中盆地，刘邦建立了西汉王朝。刘邦用韩信计“明修栈道，暗度陈仓”，诸葛亮“六出祁山”，北伐曹魏，都发生在这里。汉中旅游资源众多，著名的有古汉台、拜将坛、张良庙、蔡伦墓、武侯墓、古褒斜栈道、石门十三品、灵崖寺摩崖石刻等，是两汉、三国旅游热线。褒斜道石门居褒斜道南口，为人工隧道，史称石门，长16米多，宽4米多，洞内可并行两车。开凿于汉明帝永平六年（公元63年），到九年四月建成，距今有1900多年历史，是世界上最早的人工穿山隧道。山河堰是汉中地区最早的水利工程。汉初，丞相萧何曾拦褒河水修堰，因褒河一名山河水，故拦河而筑成的堰，又叫山河堰。

「汉江中游古城襄阳」

汉江中游的襄阳，位于湖北西北部，汉江由西向东穿城而过，在境内长195千米。襄阳有2800多年建城史，自古以来便是商贾云集、兵家必争之地，也是中原文化与楚文化交会之地。襄阳名胜古迹极多，三国文化特色浓厚。古隆中是三国时诸葛亮隐居之地，刘备三顾茅庐，诸葛亮作“隆中对”便在此地。诸葛亮在《出师表》中述及未出茅庐时说，“臣本布衣，躬耕于南阳”，后人由此对诸葛先生究竟出自南阳还是襄阳争执不休。有说河南南阳，有说湖北襄阳，有说秦汉时隆中本属南阳郡，襄阳也就是南阳……莫衷一是，由此又生出一段轶事。清人顾嘉蘅任南阳知府时，无意面对这个“考题”。顾是湖北人，身在河南为官，左右为难。思忖之后，他写下一副对联：

“心在朝廷原无论先主后主，
名高天下何必辩襄阳南阳。”

双方就此息争。此外，襄阳历史名人也众多，有为人熟知的唐代大诗人孟浩然、宋代大书画家米芾、辛亥革命元勋刘公等。

「诸葛亮隐居地襄阳隆中」

汉江支流中流域面积最大的唐白河，是唐河与白河的合称。唐河源出河南方城县，白河源出河南嵩县，流至湖北襄阳市双沟镇汇合而成。干流长352千米，年径流量49.2亿立方米，流域面积2.46万平方千米。唐白河干支流大部分流经河南南阳地区。自古以来，这里就是中国农业比较发达的地区之一。战国时期，楚人沈诸梁为叶县尹，“作陂池，资灌溉”，这种风气在两汉进一步弘扬光大，一直沿袭到明清，历时约2000年。明代开始，数十万流民聚积于荆襄山区，清代则大规模向山区发展，严重破坏当地自然生态平衡，加速了水土流失和土壤沙化进程。明清以后，土壤沙化问题屡见记载。唐白河干支流中充满沙砾，尤以白河为甚，河槽几乎全被沙砾沉积，以致当地有“白河沙多，唐河湾多”的民谚。

汉江最长的支流丹江，古称丹水、均水、淅水、粉青江，亦称丹渊，因尧帝的长子丹朱死后葬于此而得名。

发源于陕西蓝田县与商县之间分水岭西南侧，与渭水支流灞河同源而背流，于湖北丹江口市注入汉水。干流全长443千米，流域面积1.68万平方千米，年径流量32.43亿立方米。主要支流有武关河、淇河、淅河、滔河等。在丹江河口下游800米处，矗立着著名的丹江口水利枢纽。工程于1958年开工，大坝为混凝土重力坝，初期工程坝顶高程162米，坝高97米，正常蓄水位157米，水库库容209.7亿立方米。电站装机容量90万千瓦，年发电量38亿千瓦·时。自1968年投入运行以来，发挥了巨大的综合效益，周恩来总理曾称赞它是防洪、发电、航运、灌溉供水、水产养殖“五利俱全”的水利工程。在南水北调系统工程中，丹江口水库将发挥更大作用。为满足调水要求、提高汉江中下游防洪标准，将丹江口大坝坝顶高程提高到176.6米，正常蓄水位也提高到170米，水库总库容增至339.1亿立方米，正常蓄水位以下库容290.5亿立方米。工程于2005年9月开工，2011年基本完成。

紧邻丹江口的中国道教第一山——武当山，又名太和山，背倚神农架，面临丹江口水库，北通秦岭，南接巴山，绵延起伏。

「丹江口的中国道教第一山——武当山」

主峰天柱峰，海拔1612米，在峰顶的金殿环顾四周，可见“七十二峰朝金顶”奇观。雷雨天气，还能见到“雷火炼殿”的奇妙现象。传说，真武大帝在此修炼长达42年，此山“非真武不能当之”，武当山由此而得名。武当山历经唐、宋、元、明等朝营建，今天基本保持着明初的建筑体系，主要宫观有金殿、南岩宫、紫霄宫等。武当山古建筑群名列世界文化遗产名录。

汉江支流中水量最大的堵河，又名武陵水，亦名庸水、陡河，是汉江上游右岸支流。全长约342千米，流域面积1.24万平方千米，年径流量61.9亿立方米。堵河有西、南两源。西源发源于陕西镇坪县云盘山，在陕西境内称南江河，进入湖北后称江湾河；南源发源于湖北神农架九湖坪。两源在湖北竹山两河口汇合。干流在郧县西流镇入汉水，在汉江中有韩家洲“堵”于河口，汉江南泓在此产生回流，堵河因此而得名。主要支流有潭口河、苦桃河、北星河、官渡河、泉河、竹溪河等。南源源头的神农架，地处鄂西北边陲，东瞰荆襄，南镇三峡，西望天府，北顾武当。千嶂叠翠，万壑葱茏，秀木参天，奇兽出没，是大自然赋予神农架的神奇与壮美。华中第一峰的神农顶，虎踞龙蟠，海拔约3105米；神农第一景的风景垭，云绕石林；野马河峡谷，雄伟壮观；香溪河，风光旖旎；燕子洞，万燕栖息；钱鱼洞，雷响出鱼等等，无不令人叫绝。流泉飞瀑、云海佛光更是令人叹为观止。众多美景令人目不暇接、流连忘返。

浔阳涛声

九派浔阳，江湖牵手。出黄梅，入江州。鄱阳系，五水收。东纳信饶西汇修，南来赣抚北湖口。映庐山黛色，耀石钟星斗。湿地芳草，银鱼轻舟。赣江贯南北，罗霄宏图构。抚河武夷出，饶河山岭走。信江夹岸多杨柳，修水折旋舞蓝绸。芙蓉怒放五老峰，乱云飞渡劲松虬。

九江诗画，匡庐神游。诸葛舌战群儒，宋江题诗浔楼。游园惊梦牡丹亭，琵琶传情芦荻秋。陶渊明东篱菊花，南山飘香久久；辛弃疾金戈铁马，赣江回荡依旧。落霞孤鹜，滕王阁幽。婺源油菜花，春风醉温柔。祁门溢茶香，景德辉彩釉。黄洋界上炮声隆，红都瑞金光不朽。

九州明珠，鄱阳居首。大江东去通衢远，京九南来华章奏。青山咫尺，长珠情重起和弦；玉带相连，赣粤相拥梦千秋。万山红遍，一湖碧透。井冈雄，志凌云；五水绵，情悠悠。好汉坡前勇拼搏，几度风雨彩虹秀。胸怀全局，方识庐山真面目；融汇九川，欲穷千里更登楼！

鄱阳波涌过湖口

「鄱阳湖」

长江出湖北黄梅，进入江西。从湖口注入长江的鄱阳湖，是中国第一大淡水湖。湖口以下即为长江下游，流经九江的一段称浔阳江。

鄱阳湖犹如一巨大宝葫芦系在万里长江的腰带上。鄱阳湖接纳赣、抚、饶、信、修“五水”，补充长江丰沛水量。汛期“五水”洪涛入湖，浪涌波腾，浩瀚万顷，水天相连；枯水季节湖水落槽，芳草连天，芦荻飞舞，沃野千里。秋冬之际，珍禽翔集，飞时不见云和日，落时不见湖边草。公元1364年，朱元璋与陈友谅大战于此，此役陈友谅60万主力全军覆没。

「九江烟水亭」

庐山耸峙在浔阳江和鄱阳湖即将相拥的地方，山脚下的江边矗立着江西北大门九江。

“横看成岭侧成峰，远近高低各不同。”庐山云遮雾罩，千姿百态，时如银河倒泻千里，转瞬白马四蹄生风，顷刻冰山排空而来。五老峰拔地千仞，叠峰连云，似五朵金芙蓉仰天怒放。三叠泉飞泻三级，势如奔马，声若洪钟。仙人洞天风苍茫，劲松如虬，乱云飞渡。谷帘泉珠帘倒挂，清澈透明，甘冽香润。牯岭镇树影斑驳，松涛泉韵，异国建筑错落点缀万绿丛中。

庐山与中国历史紧密相连：1937年夏，周恩来两度上山，促成国共合作抗日，7月17日，蒋介石发表抗日宣言。1959至1970年，中共中央在此召开三次会议，共商国家建设大计。九江通五岭、拒三江，处京九线中段，自古为兵家重镇。三国、水浒很多桥段都以九江为背景，如诸葛亮舌战群儒、浔阳楼宋江吟反诗、梁山好汉劫江州法场等。九江既有金戈铁马，又不乏田园情怀。“采菊东篱下，悠然见南山”，陶渊明在此耕读为乐，留下隐逸情怀。

「庐山」

「因上游章水与贡水合流而得名的赣江」

赣江是江西省最大河流，因上游章水与贡水合流而得名，自南向北流经赣州、吉安、樟树、南昌等城市，纵贯全省，入鄱阳湖。

瑞金现为赣州所辖。1931 年 11 月 7 日，中华苏维埃共和国政府成立于此。瑞金红井颇具传奇色彩。1933 年，临时中央政府从叶坪迁至沙洲坝，毛泽东为解决当地群众饮水，亲手挖井。红军北上抗日后，国民党军卷土重来，填掉了这口井。敌人白天填，群众夜晚挖。1950 年，这口水井被命名为红井。井旁立碑，上书“吃水不忘挖井人，时刻想念毛主席”。

革命摇篮井冈山位于吉安市境内。1927 年 10 月，毛泽东率领工农革命军挺进此地，与朱德率领的南昌起义部队胜利会师，点燃了中国革命的星星之火。

“黄洋界上炮声隆，报道敌军宵遁”。1928 年，敌人以 4 个团的兵力发动围剿。红军在黄洋界以仅有的一门迫击炮进行反击。三发炮弹中前两发都因受潮没响，最后一发炮弹成功炸开。敌人误以为红军主力已回

「南昌起义纪念碑」

山，遂连夜撤走。正是这一声炮响，挽救了根据地。

“药都”樟树是中国著名的中药集散地，有“药不到樟树不齐，药不过樟树不灵”之说。

南昌交通发达，地势险要，“襟三江而带五湖”，是一座革命英雄城市、历史文化名城。1927年8月1日，贺龙、叶挺、朱德、刘伯承等率部举行南昌起义，打响了红军武装起义的第一枪。此后，8月1日被定为中国人民解放军建军节。

江南三大名楼之一的滕王阁亦在此，因王勃一序名满天下。1300年间，文人墨客慕名而来，抒怀而归，汇成了一座“文学圣阁”的盛大气象。现楼以建筑大师梁思成重建草图为依据，采用宋代风格，高阁古韵，飞檐望江，取“明三暗七”法式，即从外面看是三层带回廊建筑，内部却有七层。俯瞰滕王阁，有如凌波西飞的展翅鲲鹏。夕阳西下，登楼远眺，赣江缓缓流动，晚霞残照映水，孤鹜翩跹起舞，长天一碧万顷。

抚河因流经抚州而得名。明清俚语“客商莫如江右，而江右帮又莫如抚州”，说的就是作为江右商帮的代表抚州商帮。明清以来，抚州商帮地位渐升，东南亚诸国亦有“无抚不成镇”之说。近代，随着京汉、粤汉、津浦等铁路修通，水运变陆运，南北交通改走两湖、冀豫，活跃500年的赣商渐渐走向了平淡。

武夷山头枕抚河源头，地处闽赣交界处，方圆近千平方千米，以其碧水丹山而位尊八闽，集山川河岳于一体，全年有景，四季多姿。它更因盛产茶叶闻名于世。1972年尼克松访华，毛泽东曾送给他4两武夷山大红袍茶叶。物以稀为贵，名冠天下的大红袍始祖茶树，现整个武夷山只留下

「赣江滕王阁」

了3株，每年制作出的茶叶只有0.5公斤左右。

临川坐落在抚河中下游分段处。“邺水朱华，光照临川之笔”，这是王勃在《滕王阁序》中对东晋大诗人谢灵运的赞叹，也有说是对王羲之的赞赏，这两位大家都曾在临川为官。

「 赣江流域武夷山 」

说到临川，不能不说王安石和汤显祖。

王安石为唐宋八大家之一，他主张文道合一，是北宋文学革新运动主将。他的散文雄健简练、奇崛峭拔，《读孟尝君传》、《游褒禅山记》脍炙人口。其诗词精工巧丽，意境幽远，名句“春风又绿江南岸，明月何时照我还”尤为人称道。王安石在政治舞台上更是表现不俗。他以“富国强兵”为宗旨大刀阔斧推行“熙宁变法”，先后推出均输法、青苗法、免役法等措施，历时16年，收复五州府，拓地二千余，中央积蓄钱粟“数十百巨万”，“可以支二十年之用”。列宁曾称赞王安石为“中国十一世纪的改革家”。

汤显祖则被誉为“东方莎士比亚”，代表作为“临川四梦”，其中以《牡丹亭》最为著名。他曾说：“一生四梦，得意处惟在牡丹。”该剧通过贫寒书生柳梦梅与太守之女杜丽娘穿越时空的生死之恋，主张个性解放、爱情自由、婚姻自主。作品文辞典雅，缠绵秾丽。杜丽娘是中国古典戏剧中继崔莺莺后最具魅力的形象之一。正如该剧《题词》所言：“如杜丽娘者，乃可谓之有情人耳。情不知所起，一往而深。生者可以死，死亦可生。”

「 饶河源头的婺源 」

婺源位于饶河源头处，原属古徽州

"一府六县"，有"中国最美的乡村"之誉。"青山向晚盈轩翠，碧水含春傍槛流。"这里的民居依山面河，户连户，屋连屋，灰瓦叠叠，白墙片片，布局紧凑典雅，讲究天人合一。婺源据说有龙脉，乡党名人众多，朱熹、詹天佑都出于此。

「瓷都景德镇」

瓷都景德镇在饶河最大支流昌江中游。景德镇古名昌南。相传，早在18世纪以前，昌南镇的精美瓷器在欧洲就极受欢迎。久而久之，欧洲人就以"昌南"作为瓷器（chinaware）和生产瓷器的"中国"（China）的代称。

信江沿岸文化璀璨。"钟山峙于后，灵山揖于前"，信江书院、茶圣陆羽、词人辛弃疾光前裕后，革命烈士方志敏气韵千秋。源区三清山，以"奇峰怪石、古树名花、流泉飞瀑、云海雾涛"并称四绝。三清山玉京、玉虚、玉华三座山峰高耸入云，与玉清、上清、太清道教三清相对应，因而得名。

修水好似一条蓝色绸带，左折右旋，舞动在赣西北大地上，两岸风光秀丽，民风淳朴。"双飞燕子几时回，夹岸桃花蘸水开；春雨断桥人不度，小舟撑出柳荫来"。宋人徐俯这首《春日游修溪上》诗如一帧色彩清新的水彩，描绘了修水秀美、宁静的自然风光。

"老俵"是周边省份赋予江西人的昵称。福建人觉得只有他们可叫江西人为"老俵"；广东人则认为和江西人有姑表亲缘；湖北也有传说，当年就是靠江西三兄弟迁徙才得以传承；更多的因缘还得数湖南。据称，60%的湖南人家谱源流可追溯到江西。这个雅号或与历史有关。元末明初，烽烟四起，兵火蔓延，湖广福建多地荒无人烟。明朝初定后，政府就近从江西大量移民迁入，并允许"插标占地"。明清之际又有大批江西人迁入，甚至有些地方十户即占八九。这些人的后代祭扫祖陵时，喜以老俵称呼当地的江西族人，意为表兄堂亲。此即江西填湖广的相关传说，也是关于"老俵"一词起源最为流行的说法。

赣、抚、饶、信、修汇聚鄱阳湖的精彩，随着长江之水浩浩东去。

几度变迁古彭蠡

江西河流大多发源于省境东、南、西三面山地，主要有赣江、抚河、饶河、信江、修水等五大水系，它们都汇入鄱阳湖。鄱阳湖位于江西北部、长江中下游交会点南岸，湖泊面积 3670.8 平方千米。1950 年，鄱阳湖面积为 5100 平方千米。1976 年洪水期广达 8841 平方千米。鄱阳湖接纳“五水”，经调蓄而注入长江的水量超过黄河、海河、淮河的总和。

鄱阳湖古称彭蠡泽，同中国其他大湖一样经历过沧桑巨变。《尚书·禹贡》中就有“彭蠡既潴，阳鸟攸居”的说法。5 世纪前，鄱阳湖曾是一片被河网切割的平原景观地貌，彭蠡泽大部分在长江北岸。5 世纪后，受地质沉降作用与长江汛期泥沙泛滥的影响，北岸彭蠡泽逐渐萎缩，今湖口以南的水面不断扩大。唐末五代至北宋，彭蠡泽迅速向东向南扩展，形成鄱阳湖。

「烟波浩渺鄱阳湖」

鄱阳湖盆地及其陆地水系的形成与发展，从地质学上考察，与云梦泽、洞庭湖一样，起源于 1 亿年前的燕山运动。更新世晚期，湖北武穴与安徽望江间的长江主泓道南移到今长江河道上。全新世后，江北残存河段因处于扬子准地槽新构造掀斜下陷带，逐渐扩展成湖，并与长江水面相接，进入历史时期的古彭蠡泽。

秦汉前，长江流经今鄱阳湖南北大部地区，是连成一片的汪洋大泽。当时的彭蠡泽范围大约相当于今湖北黄梅、武穴以东，安徽望江、宿松以西，包括长江北岸龙感湖、大官湖等水域在内的长江地区。长江九江河段分成数条大河穿泽而过，很有些“茫茫九派”的气象。

秦汉时期，江道南北两侧洪泛盆地逐渐发育成河漫湖，原来一分为几的数条大河逐渐合并成长江主泓，形成了今天长江的模样。

西晋以后，泥沙沉积，长江改道，彭蠡泽被大江分隔为两部分：长江以南仍称彭蠡泽，即今鄱阳湖；长江以北叫大雷池，在今湖北黄梅东面。

唐、宋、元以后，江北彭蠡泽由于没有充足的河流来水补充，湖面逐渐缩小分割，大雷池逐渐被各区域性湖名代替。黄梅境内的大湖叫感湖、源湖；宿松境内的叫龙湖、官湖等。1955 年，龙湖、感湖合并称为龙感湖。“不敢越雷池一步”中的“雷池”即今龙感湖。典出东晋丞相庾亮（公元 289—340 年）《报温峤书》：“吾忧西陲，过于历阳，足下无过雷池一步也。”

江南彭蠡泽在三国时期后又称宫廷湖，因湖水扩展到今星子附近宫廷庙而得名。按《汉书·地理志》推断，其南缘不过今星子南面婴子口（又称彭蠡湖口），最大宽度不过 10 千米。汉代豫章郡鄡阳县在今都昌县东南四望山（又称四山），当时还是一片河网交错平原区，赣江即在鄡阳平原上汇合诸水由婴子口注入彭蠡泽。北魏时，彭蠡泽已越过婴子口，在都昌县西北一带形成一片开阔水域。隋朝有“以鄱阳山所接，兼有鄱阳之称”记载，可见彭蠡湖面已向南扩展到今波阳县城附近，始称鄱阳湖。

唐代在中国历史上处于高温多雨时期，长江干支流径流量相应增大，江水从湖口倒灌入湖，与赣江来水顶托，造成彭蠡泽扩展。从唐末、五代以至北宋时期，大体上奠定了今天鄱阳湖范围和形态。元明两代，湖区继续沉降，鄱阳湖逐渐扩展。清初，鄱阳湖发展达于鼎盛。清后期以来，鄱阳湖区在地质构造上总趋势由下沉转为上升，湖心也有逐渐北移趋向。

当代以来，赣江上游水土流失，入湖诸水挟带泥沙增多，导致湖底抬高，并在河流入口处形成洲地。据江西省水利厅推算，每年“五水”挟带泥沙在湖内的沉积量达 1120 万吨，其中赣江泥沙量最大。泥沙淤积、围湖造田，加速湖面萎缩，鄱阳湖面临着自南向北继续萎缩的总趋势。

现在的鄱阳湖湖区位于长江之南，江西北部，大致呈葫芦状。湖面以松门山为界，分南、北两部分：南部宽广，为主湖区；北部狭长，为入江水道区。它是一个吞吐型、季节性浅淡水湖。高水呈湖相，低水呈河相，具有“高水是湖，低水似河”、“洪水一片，枯水一线”的特点。湖区周围是湖汊、平原、低丘、孤山、河流相间的盆地，生物资源丰富，是庐山古冰川遗迹和珍稀候鸟的自然保护区。

鄱阳湖湖盆地势比长江略高，为“五水”总汇，并经由湖口入江，长江洪水一般很难倒灌入湖。在“五水”来水与长江的水量吞吐平衡中，鄱阳湖或积水成湖，或水落滩出。在汛期，“五水”洪水入湖，湖水漫滩，湖面扩大，茫茫无际；在枯季，湖水落槽，湖滩显露，与河道无异。由于围垦，鄱阳湖的面积和容积有所减少，鄱阳湖形状参数也发生了较大变化。湖区岛屿率增加，岸线缩短，湖的调节能力也相应变小。

鄱阳湖湖盆自东向西，由南向北倾斜，湖底平坦，有岛屿 41 个，面积共 103 平方千米，其中莲湖山面积最大，有 41.6 平方千米；印山、落星墩面积最小，不足 0.01 平方千米。鄱阳湖湖岛相间，景色秀丽，风景如画。

鄱阳湖地区跨长江中下游平原、华东南山地两大地貌单元，地势低平，四周山丘环绕，在九江湖口间向北开敞，不像洞庭湖那样与长江有“四口”相通，可承泄长江洪水，有效调蓄长江洪峰。

邻鄱阳湖而居的九江，古称江州、浔阳等。千百年来，九江曾是兵家逐鹿的战场，留下了金戈铁马的印迹。如今的九江，是长江沿岸经济重镇。有“鄱阳湖畔的明珠、京九线上的名城”美称的共青城就位于此，胡耀邦曾两次为它题词，1990 年 4 月 15 日胡耀邦葬于此。

以雄、奇、险、秀闻名于世的庐山也位于九江。庐山东偎鄱阳湖，西邻京九大动脉，北枕滔滔长江，耸峙于长江中下游平原与鄱阳湖畔，最高峰汉阳峰海拔 1474 米。大江、大湖、大山浑然一体，形成了江西罕见的壮丽景观。“春如梦、夏如滴、秋如醉、冬如玉”，更构成

「胡耀邦墓」

「充满魅力的庐山」

一幅充满魅力的立体天然山水画。

庐山历代题诗极多，李白《望庐山瀑布》尤为著名。山顶小镇牯岭清幽别致，干净整洁的街道两旁，溪水潺潺，绿树成荫；欧美风格的建筑，错落有致地分布在绿叶丛中，与周围环境十分协调。诺贝尔文学奖获得者的赛珍珠从小就生活在这里，以此为背景创作了大量文学作品。庐山与中国历史，特别是现、当代史紧密相连，与中国历史上有重大影响的思想、信仰、事件和人物有十分重要的关系，为世界瞩目。1959 年，中共中央召开庐山会议，包括 7 月 2 日至 8 月 1 日政治局扩大会议和 8 月 2 日至 16 日党的八届八中全会。1996 年 12 月，庐山以“世界文化景观”列入世界遗产名录。

湖聚赣抚饶信修

赣江自南向北纵贯江西全省，入鄱阳湖后，经湖口汇入长江，长 823 千米，流域面积 8.28 万平方千米，多年平均流量 2174 立方米每秒，年径流量 686 亿立方米，是江西省最大的河流。赣州因赣江得名，江西省也简称“赣”。

赣江有东、西两源。东源贡水为正源，出自江西石城县横江镇赣江源村石寮岽；西源章水，由池江和上犹江汇合而成，出自广东毗连江西南部的大庾岭。

赣江流域面积 10 平方千米以上支流 2072 条，其中 1000~3000 平方千米支流 11 条，3000~10000 平方千米支流 10 条。主要一级支流有湘水、濂水、梅江、平江、桃江、章水、遂川江、蜀水、孤江、禾水、乌江、袁水、肖江、锦江等。

「“中国革命的摇篮”井冈山」

1927年8月1日，南昌起义开始了中国共产党独立领导武装斗争和创建革命军队的征途。1927年9月9日，秋收起义确立了党对军队的绝对领导，建立了第一支用共产党旗帜号召的革命军队。中游左岸，湘赣交界的罗霄山脉中段，有中国革命圣地井冈山。1927年10月，毛泽东率领中国工农红军来到井冈山，1928年，与朱德、陈毅率领的南昌起义余部会合。朱毛红军创建了中国第一个农村革命根据地，开辟了“以农村包围城市，武装夺取政权”这一具有中国特色的革命道路，井冈山被誉为“中国革命的摇篮”、“新中国的奠基石”。上游的瑞金，是中国第二次国内革命战争时期中华苏维埃临时中央政府所在地，有红都之称。现保存有党中央及中央政府机关旧址数十处，还有叶坪、沙洲坝等众多革命遗址。于都县是中央红军长征集结地和出发地之一。

历史文化名城赣州建于宋代的古城墙，现保存完好并仍有防洪功能；城内宋代建成的排水系统福寿沟，至今还在发挥作用。吉安有白鹭洲，洲上有白鹭洲书院（今白鹭洲中学），文天祥、刘辰翁、邓光荐等著名历史人物都是从这里出发的；周敦颐、程颐、朱熹等大师都曾在这里传道讲学。欧阳修、解缙也是从地处江湖之远的古吉州（今吉安）走向庙堂之高。南宋理宗（赵昀，公元1225—1264在位）曾御赐“白鹭洲书院”五字。樟树是中国著名的“药都”、中药集散地，中药业源远流长，有“药不到樟树不齐，药不过樟树不灵”之说。

南昌也是历史悠久的文化名城，始建于汉高祖五年（公元前202年），历为州、府、道、省治所，素有“物华天宝、人杰地灵”之美誉，名列江南三大名楼之一的滕王阁亦在此。南昌交通发达，形势险要，“襟三江而带五湖”，文化遗址、自然景观、人文景观众多，旅游资源丰富，是中国第一个低碳试点城市。

抚河发源于武夷山脉西麓广昌县驿前镇姚西村后的血木岭东侧里木庄。

早在秦朝，军队粮饷物资顺赣江南运，抵赣州入章水达大庾岭下，经驿道翻岭陆运，再沿浈水进北江而达番禺（今广州）。赣江以北经鄱阳湖与长江相连，便利江西物资销往长江下游两岸各大城市。此后，有赣民看准商机，从事物流活动。北宋时期，赣商兴起，明清称雄。历史上，赣商被称为江右商帮，以人数多、操业广、渗透力强盛极一时，为世人瞩目。明朝有“无江（西）不成市”、“（江西商人）一个包袱一把伞，跑到湖南当老板”的俚语。抚河是赣东南地区联通四方的对外通道，沿河地区物产丰富、名品众多。作为江右商帮分支机构，抚州商帮应运而生。

抚河位于江西东部，全长348千米，流域面积1.65万平方千米，多年平均流量525.4立方米每秒，年径流量165.8亿立方米，是鄱阳湖水系主要河流之一。

水运发达，产业多元，抚州商帮大成气候，史称“客商莫如江右，而江右帮又莫如抚州”。明清以来，抚州商帮地位渐升，东南亚诸国亦有“无抚不成镇”之说。南昌进贤县李渡、文港等乡镇原属抚州地区。当年，李渡码头货物堆积、船只泊岸，均延展数千米，货物装卸十分繁忙。从晚清到抗战时期，李渡开办俊记、慎孚等数家钱庄，银票可在上海、汉口等地通用。随着京汉、粤汉、津浦等铁路修通，水运变陆运，南北交通改走两湖、冀豫，活跃500年的赣商慢慢走向了平淡。

「丹霞地貌武夷山」

抚河源头的武夷山，地处福建与江西的交界处，总面积999.75平方千米，属典型的丹霞地貌。武夷山集山岳、河川风景于一身，不仅“奇、秀、美、古”兼而有之，而且人文与自然和谐统一，自然山水之中溶注着浓郁的文化气息。清澈碧绿的九曲绕山而行，曲折萦回；发育典型的丹霞单面山、块状山、柱状山临水而立，千姿百态；3000 余年的古文化遗存洒落溪畔峰麓、岩壁洞穴。武夷山还是中国古代朱子理学的摇篮，于 1999 年 12 月荣膺世界自然与文化双重遗产，成为全人类共同的财富。

饶河位于江西东北部，原名鄱江，古称番水，以流经古饶州府得名。饶河长 299 千米，流域面积 1.53 万平方千米，多年平均流量 524.7 立方米每秒，年径流量 165.6 亿立方米。饶河是昌江与乐安江在鄱阳县境姚公渡汇合后的合称，正源乐安江发源于皖赣边界江西婺源段莘乡五龙山。

源头处的婺源县建于唐开元二十八年（公元 740 年），有保存较好的明清建筑，是南宋理学大师朱熹和清末著名铁路工程师詹天佑故里。饶河最大支流昌江，发源于黄山余脉大洪岭南麓的安徽祁门大坦乡，主河道长 254 千米，流域面积 200 平方千米以上的一级支流有 8 条。昌江中游的景德镇，是中国历史文化名城、古代四大名镇之一、享誉中外的“瓷都”。浮梁县有建于清道光年间，保存完好的县衙。

信江位于江西东北部，古名余水，又名上饶江，唐代以流经信州（今上饶）而名信河，清代称信江，长 359 千米，流域面积 1.76 万平方千米，多年平均流量 662.6 立方米每秒，年径流量 209.1 亿立方米。信江发源于浙赣边界江西玉山三清乡平家源。

信江沿岸文化底蕴丰厚。信江书院创建于清康熙三十三年（公元 1694 年），原名曲江书院，位于上饶市区南屏山北麓。乾隆八年（公元 1743 年），因在后山建楼祭祀朱熹改名为紫阳书院，乾隆四十六年（公元 1781 年），始称信江书院。这里吸引了众多文人墨客前来访古寻幽，留下了许多珍贵题记和吟咏之作。上饶市信州区有建于唐天祐年间（公元 904—907 年）的茶山寺，内有陆羽泉，相传茶圣陆羽（公元 733—804 年）曾在这里写作《茶经》。中游的铅山县，是南宋著名词人辛弃疾（公元 1140—1207 年）晚年所居并长眠之地；弋阳县是赣东北革命根据地、中国工农红军第十军创始人之一方志敏烈士的故乡，他在狱中写下《可爱的中国》《清贫》，感动和教育了无数中国人。

「 世界自然遗产三清山 」

源区三清山，以自然山岳风光称绝，以道教人文景观为特色，是道教名山，相传东晋道教方士葛洪曾在此炼丹。三清山玉京、玉虚、玉华三峰挺立，其中玉京峰最高，海拔 1819.9 米。1997 年 8 月，美国国家公园基金会主席保罗慕名来三清山考察后，惊叹“三清山是世界上为数极少的精品之一，是全人类的瑰宝”。2008 年 7 月 8 日，三清山列入世界遗产名录，是江西第一个世界自然遗产。

修水又名修河、修江，古称建昌江、于延水，长 419 千米，流域面积 1.48 万平方千米，年径流量 135 亿立方米。修水源自江西铜鼓高桥乡叶家山，即九岭山脉大围山西北麓。

黄龙山高耸入云，气势雄伟，至今一派纯自然原始风光。苏东坡（公元 1037—1101 年）、黄庭坚（公元 1045—1105 年）等历代名士题诗赋句，在这里留下许多珍贵的诗章石刻。

黄龙山宗教活动兴盛于隋朝，祖庭黄龙寺历受三次敕封，至今香火兴旺。北宋慧南禅师（公元 1002—1069 年）开创临济宗黄龙一派，使黄龙寺成为宋代江西四大丛林之一，享有盛名。慧南在法会中时常询问僧人为什么出家，出生地在何处，正当问答交锋时候，慧南又伸出手说：“我的手比起佛手来怎样？”在询问僧人参拜各地宗师有何心得时，又突然垂下脚问：“我的脚比起驴脚来怎样？”慧南传法 30 余年，经常示此三问，谓之“黄龙三关”，开启学人顿悟之门。

修水人杰地灵。宋代国子监教授黄庭坚就出生于修水双井村，诗书双绝，气象森严，如危峰千尺，拔地而起，并与苏轼齐名。清末著名维新派人物陈宝箴（公元 1831—1900 年）与其子（诗人陈三立），孙（画家陈衡恪），孙（历史学家陈寅恪），谓之修水籍“一门四杰”，蜚声海内外。修水升起秋收起义红旗，是湘鄂赣根据地中心和著名苏区，在中国革命历史上具有重要地位。

赣粤连通今如何

五岭逶迤腾细浪。五岭是越城岭、都庞岭、萌渚岭、骑田岭和大庾岭合称，又称南岭，是华南地区主要山脉之一。五岭横亘在赣、粤、湘、桂之间，把长江水系和珠江水系自然分开，形成江南丘陵区和岭南两个独立的地理单元。

大庾岭又名梅岭，位于广东韶关与江西大余之间，是赣江与北江分水岭。岭北的水汇入赣江，注入长江；岭南的水流向广东，汇成北江，注入珠江。岭南岭北之间，水运阻隔，只能靠陆路交通连接。

公元前214年，秦军平定岭南。大庾岭上横浦关，古称横浦之道，或梅关古道，长约8千米，是秦军入粤开通的一条陆路。公元前204年，被毛泽东谑称为“南下干部第一人”的赵佗占据岭南，创立南越国，切断了这一要道。从此，梅关古道年年失修。

到了唐代，丞相张九龄（公元678—740年）凿梅岭，开古道，畅通岭南岭北交通咽喉，连接长江珠江流域陆上通道。此后，历代对这条古道极为重视，不断修筑完善，使之成为一条“坦坦而方五轨”的南北要道，商旅络绎不绝。

唐宋时期，广州为开放口岸。洪州（今南昌）聚居不少腰缠万贯的西亚、中亚商人，这些胡商多半沿赣江溯水，南抵达虔州即赣州。大庾岭通道是一条名副其实的国际商旅交通线。

「梅关古道」

此后数百年来，古道上商旅马队络绎不绝，沿途客栈馆舍、茶坊酒肆，鳞次栉比。五代之后，全国经济重心东移，人马进出岭南多走这条通道。五代至两宋之际，正是客家民系发轫之时。北宋嘉祐年间（公元 1056—1063 年），重修故道，江西各地，尤其是赣州一带商人往往跨越梅关，进入岭南。

长江水系、珠江水系距这里最近距离仅 9 千米，即珠江支流北江浈水上游和赣江支流桃江源头，这一天然地理条件，使赣粤运河的构想由来已久。

最早设想的，是明代大学士、江西吉水才子解缙（公元 1369—1415 年）。明永乐年间（公元 1403—1424 年），侍读学士解缙、翰林检讨王偁，同感于梅岭古道交通状况，萌生开发水路，改善庾岭南北交通之念，又形成开凿赣江—北江运河构想。他们结伴勘测，规划开凿，上疏明成祖“请凿赣江通南北”。然而，解缙后来被诬私谒太子，逮捕入狱，被灌醉后，活埋于雪中而死。王偁也受牵连，死于狱中。开凿赣粤运河之事，就此无声无息。

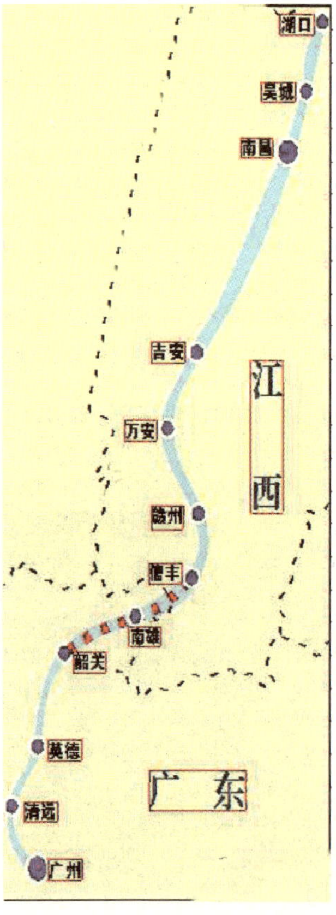

「规划中的赣粤运河路线图」

到 20 世纪，孙中山先生在《建国方略》中对修建赣粤运河有所提及，20 世纪 30 年代国民政府也一度筹划。新中国成立后，交通部、江西省和广东省就此展开讨论，又有开凿运河之议。各界人士数度重提，也列入规划，但进展缓慢。1992 年底，交通部长江、珠江水系航运规划办公室联合查勘，并提出了规划意见。

规划中的赣粤运河起自江西湖口，穿鄱阳湖，至吴城，入赣江。沿赣江上溯，经南昌、吉安、万安，至章、贡两水交汇点赣州。再沿贡水而上，入桃江至信丰县城北入西河，经大阿、禾秋越西河与小河的分水岭入小河。经水尾、大江背、观音桥越分水岭积善亭，入广东浈水上游孔江水库。然后沿浈水而下，经南雄至韶关，再沿北江干流经英德、清远至三水河口，入东平水道抵广州珠江而出海，全长 1282 千米，其中江西境内 748 千米，广东境内 534 千米。

皖江流韵

天门洞开，大江东流。挥别鄱阳，放歌矶头。吴楚分疆，淮南襟喉。黄梅雨，杏花村，天井涌玉泉；赭岭妍，镜湖秀，乌骓立平畴。两山一湖原野落，一府六县古徽州。天柱峰擎日月，九华禅通清幽。太平碧润翡翠，青弋水墨卷轴。怪石飞瀑依山岭，云海奇松万壑游。

徽风皖韵，文脉千秋。绿水青山，一曲天仙人间戏；宣纸歙砚，万古华章桐城奏。六尺巷口，宰相家书犹在；秋浦河畔，太白灵犀不朽。淝水鹤鸣八皖，巢湖诗画尽收。青砖瓦，马头墙，素雅书古韵；飞角檐，雕花窗，沧桑话春秋。巨贾儒行天下誉，西递宏村情悠悠。

皖江绵延，山川锦绣。彩练东西贯，玉龙南北走。串明珠，引碧水，掘邗开道；越重岭，起和弦，江淮牵手。邮轮通江达海，巨埠铸新融旧。皖之中坚，铁笔鸿猷；十年一剑，文化独秀。超前思维，一马当先；超常工作，勇立潮头。东风拍浪鲲鹏起，万里长廊映彩舟！

天门洞开朝天流

长江以皖江之名进入安徽，在裕溪口挽起中国第五大淡水湖——巢湖。东西梁山隔江相对，如同天生门户。长江冲开天门，排闼而入，浩浩荡荡，直指东海。

皖河从皖江左岸款款而来，带着黄梅清香，流淌桐城文脉。

皖河口的安庆200多年来曾一直是安徽的省会。众所周知，这儿也是黄梅戏和桐城派的发祥地。

“树上的鸟儿成双对，绿水青山带笑颜”，严凤英一曲《天仙配》流行于大江南北，成了黄梅戏的代名词。该戏起源于湖北黄梅县采茶调，乾隆年间，随着逃荒难民和说书艺人流传到鄱阳湖一带，逐渐演变成熟。它如同山野吹来的风，仿佛溪头的荠菜花，又似山涧淙淙流泉，委婉缥绵，轻柔优雅。千年风雨一幕戏，风情依旧到如今。

「天门山」

桐城位于安庆市北部。清代文坛最大的散文流派为桐城派。“桐城三祖”中的方苞乃一代文宗，其文言之有物、清深峻洁。方苞因南山集一案获罪，而创作名篇《狱中杂记》。后获康熙赏识拔擢，以布衣之身入上书房，参与军机，筹划国是，为两朝重臣。桐城派亦随之发扬光大。

“相逢桥上无非客，行尽江南都是诗”，池州素有“千载诗人地”的

八百里皖江滋养徽风皖韵。黄山让徐霞客叹为观止，秋浦河使李白酒酣诗成，西递、宏村留住中国人的乡愁，徽商、徽剧承载徽州文化的传奇。

美誉。李白三上九华、五游秋浦，写下不朽诗篇；杜牧的《清明》使池州杏花村蜚声中外。

「秋浦河」

秋浦河亦名云溪河，是安徽境内长江南岸支流，发源于祁门山脉，在池州汇入长江。秋浦河沿岸风光旖旎，有古石城遗址、昭明钓台、仰天堂等名胜古迹。公元 753 年，李白写下《秋浦歌十七首》，这让秋浦河有了“诗之河”的美誉。

铜陵在池州下游。这里城外有江，城内有湖，万吨级海轮可常年进江抵港。铜陵以铜为名，作为中国青铜文明发祥地之一，其冶铜历史绵延 3000 余年，被誉为“中国古铜都、当代铜基地”。

自古以来，青弋江就是往返南京、芜湖等地的交通要道。1000 多年前，李白泛舟青弋江，曾这样写道：“渔子与舟人，撑折万张篙。”可见当时江上舟船往来不绝的繁忙情形。

青弋江碧水萦流，风光如画。上游江水蜿蜒曲折，奔流山间，两岸青峰壁立，奇秀多姿。中游的云岭有新四军军部旧址，水西山有皖南事变烈士陵园，泾县是著名的宣纸产地。泾县以下水流平缓，两岸阡陌如绣。

长江与青弋江交汇处的芜湖，设邑于春秋，距今已有 2500 余年的历史，为中国近代四大米市之一，人称“长江巨埠、皖之中坚”，拥有长江煤炭能源输出第一大港。芜湖风景优美，首推镜湖。其水清可鉴，形似圆镜，依赭山，傍青弋，湖光山色，满堤烟柳。入夜，灯火绕堤，如梦如幻。

「长江与青弋江交汇处的芜湖」

马鞍山与芜湖毗邻。2000 多年前，楚汉决战垓下。楚霸王项羽面

「翠螺山麓采石矶三台阁」

临四面楚歌，大势已去，不肯过江东，遂拔剑自刎于乌江。其坐骑乌骓马思念主人，翻滚自戕，马鞍落地化为一山，由此得名。“九山环一湖，翠螺出大江”，翠螺山麓的采石矶，为长江“三矶”之首。诗仙李白长眠的当涂青山，是文人仰慕之地。马鞍山是中国七大铁矿区之一，故又有“钢城”别称。

诗仙的足迹流连，为桃花潭带来千古美名。桃花潭是青弋江流经翟村、万村间的一段水面，汇入麻溪、舒溪、哈溪、莲溪等众多支流。水深而清，环境幽美，《桃花潭记》称“层岩衍曲，回湍清深”，“清泠皎洁，烟波无际”。当年，李白应名士汪伦之邀泛舟而来，受到盛情款待。惜别时，写下“桃花潭水深千尺，不及汪伦送我情”的诗句。

李白跨过青弋江，发现一诗意盎然的山：“众鸟高飞尽，孤云独去闲；相看两不厌，唯有敬亭山。”敬亭山是水阳江流经之地。水阳江出天目山，连青弋，绕宣城，穿当涂，于太平口汇入皖江南岸。

“问余何意栖碧山，笑而不答心自闲。”公元754年，李白游黄山。青山养眼，碧水洗心，人山际会，留下佳话。

登黄山，天下无山。亿万年的天地造化和冰火雕刻，镌刻黄山风骨，成就黄山美名。

黄山72峰崔嵬雄浑，峻峭秀丽，以天都峰、莲花峰、光明顶三大主峰为中心向四周铺展，跌落为深壑幽谷，隆起成峰峦峭壁。群峰叠翠，气势磅礴，诗仙赞曰：“黄山四千仞，三十二莲峰；丹崖夹石柱，菡萏金芙蓉。”

奇松是黄山之魂。迎客松枝叶如盖，似展臂迎宾；探海松侧枝修长，如苍龙探海；贴壁松附身悬崖，若天然壁画。黄山松不怕贫瘠干旱，无惧风霜雨雪，笑看乱云飞渡，潇洒从容、铁骨铮铮。

怪石是黄山之形。黄山石鬼斧神工，灵动奇巧，似人似物，似鸟似兽。著名的飞来石曾在电视剧《红楼梦》片头出现，近看似一颗天宫里的仙桃，远眺像一叶遨游云海的风帆。

黄山之奇，奇在云崖里；黄山之险，险在松壑间；黄山之妙，妙在有无中。

「黄山」

1979年7月，75岁的邓小平来到黄山，弃滑竿，穿布鞋，拄拐杖，踩小路，攀登而上。4天后，他发表黄山谈话。谈完改革开放大事，他又专门点道：“要有点雄心壮志，把黄山的牌子打出去。”黄山谈话，像和煦清风，给中国大地带来春的希望。

黄山支脉九华山位于安徽青阳县，因有九峰形似莲花而得名。九华山是“地狱未空誓不成佛”的地藏菩萨道场，与山西五台山、浙江普陀山、四川峨眉山并称中国佛教四大名山。2012年8月，高达99米的地藏菩萨铜像在此铸造完工。

太平湖处黄山与九华山之间，如璀璨宝石镶嵌在青山翠林间，湖中点缀小岛，湖水碧蓝清澈。太平湖原名陈村水库，居青弋江上游，库容为安徽省之最。因库区大部分在黄山市太平县境内而名太平湖。

巢湖与黄山隔江相望，把诗画与兵戈汇聚一湖，堪称双绝。其景观瑰丽，湖光山色。半汤、香泉、汤池三大温泉氤氲袅绕，太湖山、鸡笼山、冶父山、天井山翡翠万顷。黛峰洗翠，岸柳拂风，古塔含蕴，如诗如画。

巢湖自古就是兵家必争之地。三国时期，魏吴在此多年征战，终致曹操“四越巢湖而不成”。元末，巢湖水师在裕溪口大败元军，救出朱元璋并助其定鼎天下。清代，李鸿章在此编练淮军。现代，新四军在这里打响抗战第一枪。诗画兵戈聚一湖，巢湖刚烈又温文的气质，正是八百里皖江的缩影。

安徽与江西交界处，有一片让人流连的地方，水墨画般清新淡雅，老电影般斑驳流逝，这就是古徽州地区。在这里，走进一个村落，就会翻动一页历史；踩踏一块青石，就会触动一个朝代。徽州村落民居、祠堂、牌坊称为“徽州古建三绝”。

「徽州古村落西递」

黟县的西递、宏村是徽州民居的杰出代表。西递以一条纵向街道和两条沿溪道路为骨架，构成以东为主、南北延伸的格局。砖木结构建造，青石街巷铺地，色调朴素淡雅，设计布局协调。宏村人独出机杼，建造了中华一绝的牛形村落和人工水系，统看全村，就像一只昂首奋蹄的大水牛。

祠堂是一个宗族的圣殿。绩溪龙川的胡氏宗祠被誉为中国古祠一绝。其始建于宋，坐北朝南，前后三进；木刻花雕栩栩如生，独树一帜；采用中轴线东西对称布局的建筑手法，气势恢宏。

「徽州古村落宏村」

牌坊不止是封建礼教的深深印记，更代表“我在山际，你在天涯”的绵绵相思。歙县的棠樾村是鲍氏村落，以牌坊群闻名于世。七座牌坊建于明清，以忠孝节义的顺序排列，诉说着村庄的兴衰往事。

徽商崛起，成就了徽州文化的辉煌。近代红顶商人胡雪岩是徽商个中翘楚，主张“商道即人道，信誉即是钱”。他初在钱庄当学徒，因仗义借款被辞退。后因机缘巧合入浙江巡抚幕，协助左宗棠创办福州船政局，筹饷运械，设阜康银号汇通天下，立胡庆馀堂行善救人，获慈禧亲授红顶戴和黄马褂，为一时首富。

青砖瓦，马头墙，飞角檐，雕花窗。秋浦河诗意悠悠，黄梅戏久久回荡。徽风皖韵，洞开天门，尽情流淌。

皖地山水多诗情

长江自江西湖口汇入鄱阳湖来水，水量更加充足，进入安徽，江面愈加开阔。北部横亘的大别山山脉和江淮丘陵，南部耸立的黄山和天目山，将长江流域下游与淮河流域、钱塘江流域分隔开来。南北分水岭间皖江两岸，平原洼地和湖区遍布。南岸有黄湓河、秋浦河、大通河、漳河、青弋江和水阳江等；北岸有华阳河、皖河、裕溪河等支流蜿蜒汇入长江。两岸多湖泊，随处可见阶地、河渠、河漫滩。

皖河在安庆境内，源于大别山区，全长227千米，流域面积6442平方千米。

大别山自岳西团岭向东南分成四大支脉，东支自潜山乌石堰以下进入丘陵地带，蜿蜒向东，直抵安庆江边；中间两支自潜山三尖岭以下和太湖县城北分别进入丘陵地带，一支抵潜山县北，一支抵王家河；西支自花凉亭以下进入丘陵地带，向南经徐家桥折东直抵武昌湖。这四大支脉构成皖河的三大水系，东为皖水，中为潜水，西为长河，至石牌附近汇而为一，称皖河。皖河以长河为主源，出自岳西县境黄梅尖南麓，源流称银河，南流经凉亭至店前，汇入店前河；至龙湾进入花凉亭水库，库区为长河，东南流经辛冲、李杜至黄岭出库；经太湖县城东、新仓和潜山县的黄泥镇，至老鱼潭左纳潜水，至刘河口左纳皖水。流经石牌镇折东北，经江镇、山口，于安庆市西郊沙帽洲南注入长江。

皖河一路走来，无处无时不在彰显着“皖江文化”的历史底蕴。它串起薛家岗古文化遗址、《孔雀东南飞》遗存地孔雀坟、“小乔初嫁了”的胭脂井、古皖口的山口镇等人文遗存。三国时期数学家王蕃、晚唐诗人曹松、北宋名相王珪等都是喝着皖河水长大的。京剧、黄梅戏两个剧种与皖河有密切关联。明末清初，徽调随着粼粼的皖河水荡漾，至清乾隆年间形成许多“班社”，经过“京剧鼻祖”程长庚的博采众长，熔徽调、汉调、昆腔于一炉，诞生了今天的国粹京剧。严凤英、韩再芬等一批黄梅戏表演艺术家，就是从这里走出并享誉天下的。在千万年的流淌中，皖河默默滋养着两岸儿女，孕育出熠熠生辉的古皖文化、禅宗文化、桐城文化、戏曲文化，对长江文化乃至中华文化作出不可磨灭的贡献！

皖河是安庆的“母亲河”，也是安徽简称“皖”的原因之一。皖河口的安庆，是长江沿岸著名的港口城市，中国民族工业的发源地之一，安徽省“皖江开发”重点城市之一，有“万里长江此封喉，吴楚分疆第一州”之称。自1217年建城至今，已有近800年历史。自清康熙六年（公元1667年）至新中国成立初的近200年里，安庆一直是安徽的省会。

秋浦河亦名云溪河，是安徽境内长江南岸支流，长145.3千米，流域面积3019平方千米，多年平均流量68.7立方米每秒，年径流量21.68亿立方米。

发源于安徽祁门山脉大洪岭湘源山，由南向北沿途流经安徽祁门、石台、池州，在池州贵池区汇入长江。流域面积100平方千米支流有公信河、贡溪河、龙舒河、牌楼河、白洋河等。沿岸风光旖旎，景色秀丽，有古石城遗址、昭明钓台、仰天堂等名胜古迹。

「诗仙李白雕塑」

唐天宝八年至上元二年（公元749—761年），是李白49~61岁的晚年时期。他曾五到秋浦，《秋浦歌十七首》是直接以秋浦为题的，这让秋浦河有“诗之河”的美誉。秋浦很美，自不必说；但李白流连不舍，并不全是因为它的美。李白抱负甚大，可是现实与理想相去太远。天宝三年（公元744年），44岁的李白被赐金放还，看似很有面子，实质上被朝廷做出了“卿非廊庙之器”的鉴定结论。正当盛年的李白怎甘就此终老山林，至德元年（公元756年）应永王李璘之聘入幕。随永王东巡时，他在《永王东巡歌》

其二中自负而欣然地写下“但用东山谢安石，为君谈笑静胡沙”的诗句，仿佛大展身手的机会便在眼前了。可见李白在秋浦时，并不是沉湎于山水，而是始终在为“入山”还是“出山”、怎样“出山”感到痛苦，感到叹息。“欲去不得去，薄游成久游。何年是归日，雨泪下孤舟。”（《秋浦歌其二》）

「安徽当涂李白墓」

但秋浦的宁静、美丽是非凡的。这里远离尘嚣，没有勾心斗角，自然美与人情美重叠，恬静悠闲如桃花源，便成了疗养精神创伤的最佳环境。秋浦多情，抚慰了一个诗人的心灵；诗人多才，留下了千古传诵的名篇。李白中晚年多居于安徽，为安徽山水留下很多诗篇，最后辞世于安徽当涂。关于这位伟大诗人辞世的考证，说法不一。许多人宁愿相信其中最浪漫的说法：诗仙喝醉了酒，看见江里月亮皎洁可爱，便向水中走去……

青弋江古称清水、泾溪、泾水，唐及北宋称青弋水，南宋始称青弋江，安徽境内长江南岸支流，长 309 千米，流域面积 7195 平方千米，年径流量 61 亿立方米。发源于安徽黟县西北部方家岭，流经安徽黄山市黟县、黄山区，池州市石台县，宣城市泾县、宣州区，芜湖市南陵县、芜湖县、芜湖市区，在芜湖市汇入长江。流域面积 100 平方千米以上支流，左岸有石云河等 5 条，右岸有溪下河、徽水等 11 条。

青弋江上游通太平湖，中游由福资河、上潮河连接漳河，下游经清水河、黄池河及赵家河、青山河连接水阳江，进入下游水网圩区后，青弋江、漳河与水阳江更是河港相互交叉难以分割。此外，它还沟通泾县安吴渠、南陵柏山渠，形成独特水网。自古以来，青弋江就是皖南人往返南京、芜湖等地的交通要道。1000 多年前，李白在青弋江乘舟游泾县，在《下泾县、陵阳溪至涩滩》中描述：“渔子与舟人，撑折万张篙。”可见青弋江上舟船往来不绝的情形。

青弋江碧水萦流，风光如画。上游江水蜿蜒曲折，奔流山间，两岸翠峰壁立，翠岫凌空，奇秀多姿。中游的云岭是新四军军部旧址所在地，水西山有皖南事变烈士陵园，泾县是著名的宣纸产地。泾县以下的下游，水流平缓，两岸阡陌如绣。

长江与青弋江交汇处的芜湖，设邑于春秋，距今已有2500余年的历史，为中国近代四大米市之一、“中华一绝”铁画的出品地，有“长江巨埠、皖之中坚”之称。芜湖历史文化资源丰厚。繁昌“人字洞”是古人类考古学上的重大发现，有石器、骨器、化石，时间断代约距今200~250万年，可能会把人类在亚洲活动的历史上溯了四五十万年，引起世界瞩目。

「楚霸王项羽墓」

芜湖下行不远就到了马鞍山。相传楚汉战争时，楚霸王项羽在乌江自刎，其坐骑乌骓马思念主人，翻滚自戕，马鞍落地化为一山，马鞍山由此而得名。有“江东第一城、江南一枝花”美誉的马鞍山，风景秀丽，交通便捷，资源丰富，经济发达。它是我国七大铁矿区之一，境内有著名的马钢集团，故又有“钢城”的别称。采石矶是长江三矶之一，因集“雄、奇、险、秀”于一体，独特的自然景观和底蕴深厚的文化遗存使其成为声闻遐迩的江南名胜，建有太白楼、三台阁、三元洞、林散之艺术馆、广济寺等景点。

诗画兵戈共一湖

巢湖又名居巢湖、焦湖，位于安徽中部。湖面形似鸟巢，春秋战国时，属楚境巢国，故名巢湖，面积 764.5 平方千米，是中国第五大淡水湖。巢湖水系现有大小河流 30 余条，与巢湖呈向心状分布。入湖主要河流有南淝河、派河、丰乐河、杭埠河、白石天河、兆河、柘皋河等。这些河流都源于山丘区，河道流程较短，穿过湖周圩区后进入巢湖。巢湖汇集南、西、北三面来水后，经裕溪河向东南流，至无为县裕溪口入长江。巢湖如诗如画，历代文人题咏甚多。然而，由于地理位置特殊，无数争战在这里轮番上演。诗画与干戈，竟然如此集中地会聚于一湖。

巢湖景观瑰丽，汇集湖光山色，说它是诗画巢湖，一点也不夸张。巢湖有半汤、香泉、汤池三大温泉；太湖山、鸡笼山、冶父山、天井山四个森林公园，人称江北“四翡翠”。黛峰叠翠，岸柳晓风，古庙古塔，如诗若画。天然溶洞紫微洞，巧夺天工；仙人洞钟乳，琳琅满目；王乔洞，是安徽著名摩崖石窟艺术宝库；华阳洞，因王安石《游褒禅山记》而享盛名。此外，还有“江淮奇观”泊山洞等。

「诗画巢湖」

号称“天下第一奇花”的巢湖银屏山白牡丹，是中国著名观赏牡丹之一。银屏山中有一大峡谷，峡谷面东的悬崖绝壁上长着一株白牡丹，绝壁下是两处长三四千米的天然溶洞，称仙人洞或崔仙洞。每年谷雨前后，这株牡丹便开出数朵白花，已有千年历史，方志及相关史料均有记载。花开季节，百姓从各地赶来观花踏春，千百年来相延成俗。北宋欧阳修曾来巢湖观花游洞，留下著名诗篇《仙人洞看花》：“学书学剑未封侯，欲觅仙人作浪游。野鹤倦飞为伴侣，岩花含笑足勾留。饶他世态云千变，淡我尘心茶半瓯。此是南巢招隐地，劳劳谁见一官休。”这白牡丹究竟奇在哪里呢？有人总结出四奇：一奇为来历。于悬崖峭壁之上，贫瘠石罅之中突兀出这样一株枝青叶茂的牡丹，可望而不可及。二奇为花龄。如果以北宋欧阳修诗《仙人洞看花》为证，银屏牡丹已有千年，其到底生于何年，无人知晓。三奇为形貌。经千年风霜雪雨，不凋不败，不蔓不枝。四奇为花期。据说开花早，朵数少，必有旱灾；开花迟，朵数多，必有涝灾。近些年来通过观察，有人认为，这株白牡丹可能对气候变化及地下水水位涨落比较敏感。

巢湖地上山水风光旖旎，地下地质景观奇特。除绚丽多彩的地下溶洞、地下温泉、地下河流、地下峡谷外，最罕见的是平顶山、马家山中生代三叠纪地层奇观。它完整地保存了距今 1.9 亿~2.5 亿年间地球生物复苏的丰富信息，有鱼类、双壳类、爬行类以及著名的巢湖龙等多种化石，这些重大发现吸引了世界的目光。如今，它不仅成为中国地学界地层研究标准，而且已被国际地学界列为全球下三叠纪印度阶——奥伦尼克阶界线层型首选标准剖面，并将其列入国际地质年表。

富饶的巢湖一带古来就是兵家必争之地，水面也是重要战场。从芜湖到南京，长江是西南—东北流向，习惯上把这段长江的右岸称江东，左岸称江左。

2000 多年前，西楚霸王项羽不肯过江东，拔剑自刎，就在芜湖和南京之间的安徽和县东北乌江镇。唐代，在乌江镇东南凤凰山始建项亭，称霸王祠。

刘邦、项羽相争，项羽的悲剧性格与悲剧下场，是历代文人不肯放过的题材。杜牧《题乌江亭》：“胜败兵家事不期，包羞忍耻是男儿。江东子弟多才俊，卷土重来未可知。”李清照《夏日绝句》：“生当作人杰，死亦为鬼雄。至今思项羽，不肯过江东。”这两首诗同写项羽乌江自刎，立意却大不相同。杜牧是唐代著名诗人，此诗是他在任池州刺史时过乌江亭所写。他认为，胜败是兵家常事，大丈夫当百折不挠，忍得失败，以图东山再起，像项羽这样自刎认输不足为训。李清照是宋代著名女词人，她与众多南宋百姓

「楚霸王项羽祠」

一样，饱受颠沛流离之苦，对项羽的刚烈表示崇敬，实则是对南宋朝廷不思北伐，苟安于东南一隅极为不满。

三国时期，曹操占据巢湖水乡，与东吴在这里争战数十年。周瑜与曹操十战濡须河，终使曹操“四越巢湖而不成”。周瑜和小乔之墓至今犹在，周郎墩、都督山的传说仍在民间流传。

元末，居巢人俞廷玉父子并廖永安弟兄，为保护乡里聚兵巢湖，在湖心姥山岛建水寨，修船圹，训练巢湖水师。水师在裕溪口大败元军，救出朱元璋，并相助朱元璋挥师渡江，功勋卓越，俞氏父子四人因此被册封“两公两侯”。

清代，巢湖成为“淮军文化”的摇篮。李鸿章在巢湖中庙水域集中编练淮军，庐江籍“五大督抚”丁汝昌、吴长庆、吴赞成、刘秉璋、潘鼎新，肥西籍著名将领刘铭传都从这里走出。巢湖淮军遗存很多，以中庙镇淮军“总祠堂”昭忠祠、李文公祠，姥山文峰塔，烔炀镇李鸿章当铺为中心，从庐江吴长庆故居、武壮公祠、潘鼎新祠、刘秉璋墓，到巢湖市、无为县丁汝昌故居和墓园，形成了一个比较完整的淮军文化圈。

巢湖还是现代中国革命历程纪念地。新四军在这里打响抗战第一枪，留下罗家嘴和六洲暴动、新四军七师司令部和新四军江北指挥部、蒋家河口战斗和渡江战役等很多旧址及纪念塔、纪念碑、纪念馆等。

江淮运河不是梦

长江、淮河两水系平行横贯安徽。长江水源充沛，而淮河流域水资源并不富裕，且水量丰枯变化大。因此，在长江与淮河之间开通一条运河，引江济淮，自古以来就成为人们的梦想。

公元前486年，吴王夫差为了向北与齐、晋争霸，征调大批军民，从瓜州至淮安开凿了一条江淮运河，当时叫邗沟，以引长江水经射阳湖等天然湖泊，到淮安入淮河，沟通江淮航道，即为后来京杭大运河一段，实现了江苏境内江淮连通。

从安徽省地图可以看到，流入巢湖后再进入长江的南淝河与流入淮河的东淝河，分别发源于合肥西北江淮分水岭两侧，而在肥西将军岭处，两条河支流非常接近。如果在此开凿一条运河连接两淝，沟通江淮水系，其引水和航运等方面的价值会很大。

肥西县长岗乡将军街，南边有一片高低起伏的丘陵地，这就是将军岭。关于在将军岭沟通江淮的记载，历代史不绝书。1986 年，肥西县有关方面曾作过三次实地考察，从发现的几处工程遗迹，结合相关史料，认定将军岭古“江淮运河”的开凿确是事实。它的开凿最早应在先秦时期，为楚国所修，到三国时经过大规模重修，现存遗迹主要皆成于此时，故有“曹操河”等名称流传下来，晋以后，在原基础上进行过几次疏浚。

新中国成立后，安徽省对于引江济淮工程的研究和论证从未间断。目前有关部门已正式提出建设江淮运河，并已开展了前期勘探工作。由于引江济淮将新开一条航道——江淮运河，因此该工程又被称为江淮运河工程。

引江济淮被称为安徽的南水北调工程，是一项以工业和城市供水为主，兼有灌溉、生态和航运等综合效益的大型跨流域调水工程。

工程自南向北划分为引江济巢、江淮运河、淮水北调三段。线路总的方向是从长江芜湖裕溪口经裕溪河入巢湖，经派河大桥在大柏店越江淮分水岭，经瓦埠湖入淮河。航道、引水线路涉及芜湖、合肥、六安三市，全长约 290 千米。江淮运河将结束安徽省江淮之间水运必须绕道京杭大运河的历史，把东淝河口至裕溪口航程缩短 400 千米。

开发江淮运河，可将长江、淮河“二”字形航道变为“工”字形，建立安徽横纵相连航道网，安徽北煤南运因缩短航程每年就可节省运输成本亿元以上。河南煤炭通过沙颍河、淮河、江淮运河，进入长江也十分便捷，尤其是向长江上游运输更是大大缩短航程。2009 年 9 月，始建于 1989 年的原派河大桥实施控制爆破拆除。一来它已为危桥；二来它净高、墩距等指标都不符合国家三级航道标准，亟待拆除重建。2010 年 10 月 1 日，新派河大桥建成通车，江淮运河从期待向现实又走近了一步。

扬子春潮

玉带纵横，吴越苍茫。别赣皖，入金陵，尽收五湖烟水；连润扬，过南通，直下浏河太仓。诗画江南，名城大港。江阴潮涌，常熟流光。麦浪银鱼，运河京杭。朱壁廊桥连水巷，吴侬软语橹声长。黛瓦粉墙，在水一方。桃红柳绿，烟雨新妆。柔情似水碧波漾，销魂最是梦周庄。

东南形胜，虎踞龙骧。十里秦淮，清风画舫；六朝如梦，灯火未央。下关存记忆，文化印长廊。郑和宝船，七下西洋。水漫金山，传奇芦荡。扬州新梦，苏杭气象。枫桥霜染，寒寺钟响。钱潮涌，万马狂。太湖秀，低吟唱。西子畔，共徜徉。山色水光自映发，空蒙潋滟韵流芳。

深水航道，达海通江。海马奔腾壮怀，长雁凌波踏浪。通州潜坝，稳漕分流；白茆护滩，垂虹吸张。水下长城起，万吨巨轮昂。港埠星罗龙跃，物畅其流八方。江外有海，港内无湾；任重道远，风正帆扬。深下游，情怀畅；建中华，梦飞翔。长河串起珍珠链，扬子涛涌铸辉煌！

诗画江南梦水乡

长江出安徽，入江苏，南京以下江段称扬子江。长江以南的江浙地区，为江南腹地。

江南是什么？江南是杏花春雨、草长莺飞、诗篇画卷，江南是从远古慢慢展开的历史。

「草长莺飞的江南」

江南是水的故事、梦的归乡。同样是水，秦淮河画舫流彩，轻摇歌女的衣袂，撩动文人的畅想；太湖水碧玉秀美，宁静中蕴藏着万千气象；大运河纽带曼妙，情牵城市脉动，魂系华夏水网；西湖水丝绸绚丽，编织着岳武穆的英勇忠烈，涌动着白娘子的喜乐忧伤；钱塘潮雷霆奔涌，江海相拥、天体运转，激荡出遒劲的交响。

人类逐水而居，城市因水而兴，文明倚水而昌。也许，再没有哪个地方像吴越大地一样，山水多情、美景多彩、城市多姿。

“钟山龙蟠，石城虎踞”，十朝古都南京素有“江南佳丽地，千古帝王州”的美誉。

穿城而过的秦淮河，是南京的琴弦。十里桨声灯影，沉醉无数英雄。明清两代，是秦淮鼎盛时期。河上游船往来，画舫凌波；两岸青旗掩映，美酒笙歌。桃花扇的故事就发生在这里。明末，名士侯方域和秦淮八艳中的李香君在此相遇，题诗桃花扇相赠相恋。清初，孔尚任据此写出戏剧《桃花扇》，轰动一时。

「十朝古都南京」

东晋名相王导、谢安府第就坐落

在乌衣巷。中国古代最大的科举考场是南宋始建的江南贡院，这一带又变身为江南文化中心。吴敬梓33岁应试落第后，迁居南京秦淮河畔，在此完成《儒林外史》。

「南京秦淮河」

1923年一个夏夜，朱自清、俞平伯两位文学大家同游这里后，各写下一篇同题散文《桨声灯影里的秦淮河》。两篇力作以不同风格、各有千秋而传世，成为现代文学史上一段佳话。

「扬州瘦西湖」

2000多年城龄的南京，当然不止一条秦淮河。它的故事写在城墙的每一块砖上，写在明孝陵、中山陵、雨花台的风雨中，写在莫愁湖、玄武湖的浪花里。

京杭大运河在世界知名大运河中独占鳌头，至今已有2500多年历史。从北京南下，沿岸城市如明珠成链光彩夺目。南水北调东线工程让滚滚清波在古河道中欢歌，长江之水使古运河再度焕发活力。

玉带蜿蜒，宝石镶嵌。“天下三分明月夜，二分无赖是扬州”。扬州，因“州界多水，水扬波”而得名，是大运河上最早闪亮的一颗明珠，境内瘦西湖窈窕多姿、清秀婉丽。

「镇江金山寺」

“何处望神州，满眼风光北固楼”，镇江流淌着诗人豪情、英雄气概，“甘露寺刘备招亲”的故事、“白娘子水漫金山”的传说，都

「江阴亿吨大港」

在这里上演。

顺江而下，到了江阴。1937年11月，上海沦陷后，这里经历了中国海军史上最惨烈的江阴保卫战。今日的江阴，经济发达，近年来一直居中国县域经济百强县排行榜之首。江阴港是长江干流上的亿吨大港。

“据江海之会、扼南北之喉”，南通依江傍海，底蕴深厚。晚清状元张謇在南通实践“实业救国”主张，开一代风气。苏通长江大桥连接常熟与南通。常熟是中国综合实力最强的县级市代表，境内望虞河沟通长江与太湖。沙家浜风景区家喻户晓。湖荡中菱荷相间，芦苇密布，仿佛可以瞥见阿庆嫂、郭建光的身影。

明永乐三年（公元1405年7月11日），高樯重桅、旌旗猎猎，郑和率200多艘战船，从太仓刘家港出发，开始了七下西洋的史诗般航程。船队满载精美礼物，能工巧匠，受到沿途各国人民热烈欢迎。沿这条友谊之路，万邦来朝。明成祖朱棣在位22年，亚非国家使节来华318次，平均每年接近15次。到1433年，郑和宝船远涉太平洋、印度洋、大西洋，最远抵红海和非洲东海岸，航迹遍及30多个国家和地区。郑和远航扬起和平风帆，传播中华文明，创造世界航海史壮举。2005年7月11日，是郑和下西洋600周年纪念日，这一天也被定为中国航海日。

京杭大运河最南端的起点是三堡船闸，这里也是长江与钱塘江沟通的枢纽。钱塘江口，杭州湾畔，烟波浩淼，水天一色，令人心旷神怡。但这看似平静温柔的水面，却能掀起排山倒海的钱江大潮。“云树绕堤沙，怒涛卷霜雪”，奔涌的潮水，

「依江傍海南通港」

「苏州园林甲江南」

以雷霆万钧之势，万马奔腾之力，让人感受大自然给予生命的震撼。

大运河南端，即是有天堂雅号的苏杭二州，它们是江南的象征。

江南园林甲天下，苏州园林甲江南。拙政园可为其代表，它布局疏密自然，主要特点是以水为主景色，天真淡雅。以池水为中心，楼阁轩榭建在池的周围，其间有漏窗、回廊相连，园内的山石、古木、绿竹、花卉，清幽宁静，玲珑剔透。春风拂拂，春水漫漫，流连于拙政园亭台楼阁之间。400多年来，拙政园几度分合，或为私人宅院，或供金屋藏娇，或是王府治所，但其绝代风华长盛不衰。

「苏州盘门」

虎丘在苏州西北郊，古树参天，山小景多。相传春秋时吴王夫差葬父于此，葬后三日有白虎踞其上，故得其名。虎丘依托秀美的景色、悠久的历史文化，享有“吴中第一名胜”的美誉。

作为水城，苏州有一处极为别致的古城门，即盘门。公元前514年，伍子胥筑吴国都城，盘门为吴门八门之一，时称蟠门，门上悬木制蟠龙，又因其“水陆相半，沿洄屈曲”，得盘门之名。

「苏州寒山寺」

“月落乌啼霜满天，江枫渔火对愁眠。姑苏城外寒山寺，夜半钟声到客船。”千百年来，凡是来苏州的游客，几乎都要来枫桥和寒山寺，用这种方式再读这首古诗。每年辞旧迎新之际，寒山寺钟

「杭州西湖」

声照常响起，一如当年。

“江南好，最忆是杭州”。说到杭州，就必定要说到西湖。杭州人认为，雨西湖比晴西湖更美。细雨迷蒙中，湖光山色笼罩着薄薄的光晕，让西湖有了一些黯淡冷意，却又艳丽妩媚。

公元 822 年，白居易任杭州刺史，疏通六井、筑西湖堤。三年任满，他为杭州留下一湖清水、一道长堤、六井清泉、二百首诗。266 年后，苏东坡发动全城募捐，动用20万民工，终于把西湖治理得有模有样，清理出来的淤泥杂草筑成一堤，是为苏堤。“若将西湖比西子，淡妆浓抹总相宜”，这是他为西湖写下的情诗，也是对这段往事的纪念。

西湖有楚楚动人的婉约。“若解多情寻小小，绿杨深处是苏家。”南朝才女苏小小的墓在西湖边。才女痴情，令人垂怜。而当年镇压白娘子的雷峰塔，早已倒塌。西湖也有仰天长啸的壮怀激烈。“青山有幸埋忠骨，白铁无辜铸佞臣”。岳王庙供奉于湖畔，历代题咏无数。

时光雕刻了西湖之美。潮起潮落，船来船往，断桥融化残雪，柳浪初试莺啼，西湖之美也雕刻了时光。

「水上古镇周庄」

周庄、同里、乌镇，水乡古镇在江南生长。小桥流水，水袖翩翩，舞动一个风姿绰约的灵秀江南。紧闭门前，滴雨檐下，少女归来，纤纤身影飘逸在幽长的巷子，油纸伞如盛开的莲花。

周庄是浮在水上的古镇。富安桥是周庄最老的桥，桥的四角建有四座高大的桥楼。双桥交错，青灰斑驳，像依稀残梦。陈逸飞的油画《故乡的回忆》就是取材于双桥，使周庄名扬天下。

「水乡乌镇」

同里的名字来源很有趣。隋唐的时候，同里因富得名“富土”。当地人不想过于露富，就将“富”藏了起来，删去顶上抛头露面的那一点，再把下半身埋在土里，“富土”就成了“同里”。

乌镇蓝印花布颇有名气。晴朗的日子，布匹成排晾晒，印花光洁动人，呼之欲出；风吹过时，翩翩起舞，哗哗作响。有人说，蓝印花布融进了青铜饰纹的高古，宋瓷的典雅，苏绣的细腻，剪纸的简洁。

「水乡南浔」

江南也是蚕桑之乡，浙江南浔就是其中一个。南浔位于太湖南岸的湖州市东部。1915年，南浔辑里湖丝曾与贵州茅台酒同获巴拿马国际博览会金奖。当地因丝而富，当时有“湖州一个城，不及南浔半个镇”之说。今天，南浔丝绸，仍溢彩流光。

诗画江南梦水乡，是中国人心里永远的浪漫。

江声海韵歌浩淼

长江一出南京，江面骤然开阔。“春江潮水连海平，海上明月共潮生”，唐初诗人张若虚生动地描绘了这一带长江的特点。长江到达这里，已经离海不远了，她滋润着两岸著名的城市，沿程携带的泥沙，也在这一段江中堆积出别样的景致，如八卦洲、扬中、下游三沙等。600多年前，伟大的航海家郑和，驾着宝船从太仓出发，开启了当时中外交流空前的大

「长江下游的大型油轮」

幕。

长江在安徽大通以下属感潮河段，干流奔流于平坦的平原，江面逐步宽阔。扬州以下江段，古称扬子江，因这里曾有扬子县（今扬州市）、扬子津渡口而得名。扬子江原本指长江较为下游的部分，但由于西方人最先听到这个名字，“扬子江”在外语中也就代表了整条长江。

如果说长江中游的荆江游荡善变，则此段长江沉稳豁达。长江此段多有江心洲分布，大多呈藕节状，也有一些鹅头形分汊河段。大通至江阴段，南岸靠近宁镇山脉，北岸主要为平原，河漫滩较宽，最宽可达 25 千米。长江自江阴鹅鼻咀而下，河道展宽，江中沙洲、暗滩交替分布，水流弯曲分汊，著名沙洲有福姜沙、通州沙和白茆沙等。此段江水虽不时被众多沙洲分割，但主流摆动偏于南岸，沿途天然矶头和山体形成控制性节点，又有历代修建的堤防和河工约束，河道较为稳定，只有江心洲各支汊流的主从地位偕同洲滩消长而交替变化着。但历史上干流河道也并非一成不变，部分区域也曾几度变迁。

长江进入江苏后，先后有秦淮河、滁河汇入。滁河是苏、皖两省界河，同时也是滁州、南京江北地区的母亲河。

在长江南岸，秦淮河于南京汇入。秦淮河古称龙藏浦，又名淮水。相传秦始皇东巡会稽，为破金陵“天子气”，掘断连岗接石头城处，即开凿今南京江宁内的方山，引淮水北入长江，于是有秦淮河之称。关于秦淮河，比水文数据更昭彰于世人的，是它的人文积淀。淮河入江水道自江都三江营汇入长江，悄悄地连起淮河与长江。在扬州、镇江，长江与京杭大运河相交，北岸的通扬运河也在扬州与京杭大运河相交。通扬运河原名运盐河，始凿于汉初，清宣统元年（1909 年）改称本名。它西通京杭运河，东接南通—吕四港的通吕运河，是一条与长江平行的骨干航道，又是灌溉与排涝的主要河道。庞大的太湖水系地跨江苏、浙江、上海三省市，以众多小河小港注入长江。

长江航运条件优越，江苏这一段更是黄金水道中的黄金段。目前，南京以下航道水深达到10.5米，可满足3万吨级海轮全天候通航、5万吨级海轮乘潮通行。长江下游三沙，也就是位于苏州南通间河段的福姜沙、通州沙和白茆沙，是制约南京以下航道实现深水化的“拦路虎”。如今，一项宏伟的计划已经展开，长江南京以下12.5米深水航道工程正紧锣密鼓地实施，工程建成后，5万吨级海轮将直达南京，10万吨级及以上海轮也可减载乘潮直达南京。这将进一步提升长江国际航运功能。

「长江南京以下深水航道」

南京长江大桥下游不远处的八卦洲，面积55.62平方千米，是长江下游仅次于崇明和扬中的第三大江心洲。早期形似草鞋，曾名草鞋洲，在洲滩的演变中，于清后期与七里洲合并，渐成八卦状，故名。今天的八卦洲区风景秀丽，优势独显。南京长江二桥穿洲而过，新生圩港区隔江相望，幕府山燕子矶风光带遥相呼应，南京长江大桥、阅江楼一览无遗，是南京最能体现大江风貌及山水园林特色的区域之一。八卦洲有明显的湿地植被特征，洲内水系纵横贯通，在八卦洲的江岛水世界里，可感觉“上善若水”的内涵。

扬子津，是扬州城南长江边一个渡口，在唐代中期前就十分出名。隋炀帝开运河，利用邗沟故道，在扬子津入长江。当时，瓜洲尚在江心。南来北往的商旅，皆云集于扬子津候渡。唐开元天宝（公元713—755年）以后，长江积沙不断堆于北岸，河道逐渐南移，又开人工运河自扬子津南达瓜洲渡口，瓜洲渡遂取代扬子津成为南北要津。歌咏古渡的诗词不计其数，李白、孟浩然、吴融等都有佳句传世。名气最盛的当属张若虚的《春

「瓜洲古渡含江口」

江花月夜》，闻一多称之为“诗中的诗，顶峰上的顶峰”。张若虚笔下的春江花月夜景，为当时扬州南郊曲江特别是扬子津一带江滨月下景色的艺术再现。

瓜洲渡也同样出名。渡口是迎来送往的地方，古时交通要道有限，在某一个重要节点上，来来去去、离合聚散就相当密集。诉不尽的离愁别恨无法排遣，都留在了渡口。文人拾起来，做成数不尽的诗词文章，伴随着江水流淌至今。白居易《长相思》云：“汴水流，泗水流，流到瓜洲古渡头。吴山点点愁。”王安石《泊船瓜洲》云：“京口瓜洲一水间，钟山只隔数重山。春风又绿江南岸，明月何时照我还。”陆游《书愤》云：“楼船夜雪瓜洲渡，铁马秋风大散关。”吟诵瓜洲渡的诗词不少，不能一一列举。传说杜十娘怒沉百宝箱的故事就发生在这里，千年古渡，胜境犹存。古渡遗址、御碑亭、沉箱亭已成为中外宾客寻幽探古的佳处。

包孕吴越太湖美

太湖位于江苏南部与浙江交界处，是中国东部近海区域最大湖泊。全部水域在江苏境内，北临无锡、常州，南濒浙江湖州，西接宜兴，东邻苏州。据考证，太湖是一个海迹湖，地理上称潟湖。这里原为一个大海湾，因长江、钱塘江泥沙冲积，长江三角洲不断向东延伸，海湾因湾口泥沙淤积形成封闭沙坝，最终形成了太湖。有人说太湖是“海的儿子”，太湖充满神话，也发生过许多故

「包孕吴越的太湖」

事，但太湖之美从古到今没有变。

太湖流域总面积约 3.69 万平方千米，涉及江苏、浙江、安徽、上海三省一市，是全国经济最具活力的地区之一，唐宋以来即为中国历代王朝税赋仰给之地。流域内有江南运河、黄浦江、苕溪、太浦河、望虞河等骨干河道，河道总长度约 12 万千米，通航河道达 1.3 万千米；有大小湖泊 189 个，其中水面在 5~10 平方千米的有 16 个，大于 10 平方千米的有太湖、滆湖、阳澄湖、洮湖、淀山湖、澄湖、昆承湖、元荡和独墅湖等 9 个。

太湖水系中心即太湖。太湖古称震泽、笠泽，平面形状如同手掌，面积 2338.1 平方千米，最大水深 2.6 米，平均水深 1.89 米，是中国第三大淡水湖。其东、北部分为东太湖、胥湖、贡湖、梅梁湖、竺山湖等五个湖湾，西面和南面为弧形湖岸。岛屿中以西山岛为最大，面积约 80 平方千米，现在已与陆地相连。

「太湖廊桥」

进出太湖的河道有 200 多条，湖西为上游，以入湖为主；湖东为下游，以出湖为主。纵横交织的江、河、溪、渎，把太湖与周围星罗棋布的大小湖荡串连起来，组成一个密如蛛网的水系，形成了极富特色的江南水乡。

太湖来水，有发源于天目山南麓和北麓的苕溪水系，发源于茅山的南河、洮滆水系等。太湖出水，除吴淞江、浏河及北、东面众多小河小港外，大部分经当代开挖的太浦河、望虞河分别通往黄浦江、长江。太浦河是太湖流域最大人工河道，也是太湖泄入黄浦江最大河道。西起太湖东岸东茭嘴，东流经苏、浙两省，至上海市练塘镇入黄浦江北支西泖河。望虞河是太湖流域综合治理工程中为泄太湖洪水而开挖的人工河道，南起苏州望亭镇，北抵常熟，经虞山西麓，在常熟王市镇入长江，全长 61 千米。黄浦江由吴淞口入江，是太湖最大泄水河道。江南运河是京杭大运河的组成部分，北起镇江，流经常州、无锡、苏州、嘉兴，南止于杭州，贯穿太湖流域。它吞吐江湖，起着调节水量和承转作用，是水网最重要的骨干河流。

「西靠太湖的苏州」

太湖流域的河流、湖泊名称独具特点：河流有港、塘、溪、泾、浦、溇、浪、潮、汇、达、沥等；湖泊则有泽、漾、荡、氿、泖等。这类名称带有浓厚的江南方言色彩，在长江中上游较为少见。

密布的水网造就了太湖地区发达的水运与水文化。以苏州为例，苏州西靠太湖，东临大海，北有长江，周围湖泊星罗棋布，河汊纵横交错。大禹曾在这里治理太湖洪水，吴国开凿了古老的胥溪；苏州的河道、三横四直双棋盘格局的城市建设，世界闻名；苏州的漕运在历史上对中国经济起着举足轻重的作用；郑和从太仓启航下西洋。可以说，水运孕育了苏州的繁华，清代画家徐扬所作的《姑苏繁华图》，描绘的就是苏州水上繁荣的景象。到了近代，随着轮船的进入，水运对苏州经济社会的发展，对方便人民群众的生活，依然起到了不可替代的作用。

今天的苏州港是中国主要港口、国家对外开放一类口岸，有太仓、张家港和常熟等港区，其中太仓港、张家港的年货物吞吐量都超过亿吨，常熟港超过 5000 万吨。太仓港古称刘家港，宋元时就是江浙一带的漕粮枢纽和海运中转基地，元明时号称“天下第一码头”、“六国码头”。郑和从这里七下西洋，在中国古代对外贸易和世界航海史上写下了辉煌一页。太仓港区开发建设起步于 1992 年，1996 年被批准为一类口岸。现已开通的内外贸航线，可以通往世界各地及国内的沿海、长江沿线、京杭运河等港口。张家港港区建港起步于 1968 年，

「苏州张家港」

1982 年被批准为国家一类口岸。港区开设有多条国际集装箱航线，同世界上 100 多个港口有货运业务往来。常熟港区始建于 1992 年 8 月，1996 年被批准为国家一类口岸。

太湖之“太”有“极大”的意思。宋代苏舜钦（公元 1008—1048 年）在《苏州洞庭山水月禅院记》中这样描述太湖，“洪川荡潏，万顷一色，不知天地之大所能并容。”太湖曾名五湖，因其确有五湖。《吴地记》：“皆云五湖者，菱湖、莫湖、胥湖、游湖、贡湖，即太湖东岸五湾也。”五湖烟水，历来是文人雅士吟诵不绝的对象，更是各类人士乐于游赏的胜地。

光绪辛卯年（公元 1891 年）正月，无锡县令廖纶与友人乘舟同游太湖，题写了“横云”和“包孕吴越”两幅大字，刻在临湖石壁上。这位“父母官”用“包孕吴越”四字，赞美太湖似母亲般地孕育此地人民，确实非常得当。

太湖湖区散布着 48 岛、72 峰，湖光山色，相映生辉，有“太湖天下秀”之称。洞庭东山和西山、宜兴洞天世界、无锡山水、苏州园林，都是太湖地区著名的旅游胜地。太湖风光于雄浑中见清秀，碧水辽阔，烟波浩淼，峰峦隐现，气象万千。鼋头渚，人称太湖绝佳处，位于太湖之滨充山西端，因有巨石形如鼋头伸入湖中，故名鼋头渚。这里是观赏太湖风光的最佳地方，郭沫若曾经写道，“太湖佳绝处，毕竟在鼋头”；赵朴初称赞“鼋头渚景色胜天堂”。鼋头渚刻石高 2 米余，正面“鼋头渚”三字，为清光绪间无锡举人秦敦世所书；背面题刻“鼋渚春涛”，原为清末状元刘春霖所书，毁于文革。后来集唐驼为“花神庙”所书联句中的“鼋渚春涛”四字，补刻于石上。

「太湖鼋头渚」

太湖故事很多。传说春秋末年，范蠡助越王勾践灭吴后，为避免兔死狗烹的下场，辞官离开越国。有人见他偕西施泛舟五湖，后不知所终。温庭筠在《利州南渡》中写道：“谁解乘舟寻范蠡，五湖烟水独忘机。”有佳山好水，英雄美人不会寂寞；丰富多彩而意味深长的人文故事，也让湖山风景具有不同凡响的气质。

沟通南北运河长

京杭大运河纵贯中国南北，是中国古代劳动人民的伟大创造，是活着的、流动的重要人类遗产。2006 年 5 月，京杭大运河被国务院批准为第六批全国重点文物保护单位。京杭大运河北起北京，南至杭州，串起北京、天津、河北、山东、江苏及浙江六省市，对促进中国南北地区之间经济文化发展与交流，对沿线地区工农业经济发展和城镇兴起有巨大作用。

京杭大运河在世界知名大运河中独占鳌头。它始建于春秋时期，全长 1794 千米，沟通海河、黄河、淮河、长江、钱塘江五大水系。苏伊士运河 1869 年竣工，全长 172.5 千米，连接地中海和红海；巴拿马运河 1914 年竣工，全长 81.3 千米，沟通太平洋和大西洋。论开凿时间，京杭大运河要早许多年；看长度，京杭大运河是世界上最长的人工运河；谈沟通水系，京杭大运河也是连通最多的。

春秋末年，实力强盛的诸侯国大多开凿运河，后来许多都演变为大运河关键河段。如吴王夫差挖邗沟，并修筑邗城，开通连接长江和淮河的运河，即后来的淮扬运河。魏国开凿的鸿沟，后变为东西大运河最重要河段通济渠，又称汴渠。此后，由短到长，由局部到整体，不断开凿整修，持续了千余年的时间，直至隋炀帝时期终于连成一线，而到了元世祖忽必烈至元三十年（公元 1293 年），又疏通修建，形成了今天的京杭大运河。

「京杭大运河苏州段」

秦始皇在嘉兴境内开凿的一条重要河道，也奠定了以后江南运河走向。据《越绝书》记载，秦始皇从嘉兴“治陵水道，到钱塘越地，通浙江”。西汉时期，重要运河逐渐具备了水源保障能力，通航条件已不同于天然河流。

从隋文帝开皇四年到隋炀帝大业六年（公元584—610年）的20余年间，隋代在前朝基础上先后开凿了通济渠、永济渠，并重修了江南运河，终于凿成和疏通了以隋都洛阳为中心，北抵涿郡即今北京东，南达浙江余杭的大运河。对隋炀帝其人，可从多个角度评价，但这项工程为经济、社会、文化的空前繁荣确实作出了巨大贡献。

「京杭大运河无锡段」

唐代运河基本上沿用了隋代大运河体系，只是作了局部变更和修改，所以后人有“隋朝开河，唐宋受益”之说。唐宋是大运河工程体系最终形成时期，尤以宋代成就最大。北宋建都汴梁，即今开封，由江淮至汴京的漕运量每年高达800万石。那时，淮扬运河与汴河间水路是通过淮河连接的，三河之间存在水位差，船只转运常受淮河干扰。为避风险，北宋沿淮河右岸，不断开辟运河，经淮阴、洪泽，向龟山延伸，历时百年，称龟山运河。接着在龟山镇过淮河，由泗州城入汴河。而与淮河相交的两个河口有闸控制，以便两河水位平顺衔接。龟山运河的开凿，标志着人工水路与天然河道的界限逐渐分明。

宋代还在淮扬和江南运河上创造了具有综合工程效益的复闸。复闸由闸门、引水和退水渠、澳（蓄水陂塘）组成，通过航道上多级闸门与引（退）水的操作，调节船闸水位，省去拖船过埭（拦水土坝）的费用和劳力，解决船只通行困难，其工作原理与现代船闸相同。这比建于17世纪，设施几乎完全相同的意大利米兰船闸早了好几百年。

元代定都北京后，开始营建江南产粮区至北京的漕运水道。13世纪末，兴建通惠河、会通河，将隋唐永济渠北段白河（今称北运河）、卫河（今称南运河），淮扬、江南运河连接起来，形成以北京和杭州为终端的南北水运通道。明清时期，运河泛指人工水路，但以漕运为主的官营河段则统称漕河。

通惠河开通后，又面临两个新问题：一是水源，二是北京至通州间地形高差所带来的逆流运行。元代科学家郭守敬的设计都基本予以解决。通惠河水源来自北京昌平白浮泉、西山泉水，水源工程包括引泉、蓄水、供水三部分，造就了北京人工河湖水系，颐和园昆明湖、什刹海、北海、中南海及联系诸海的长河至今仍在发挥作用。元代时，通惠河全程置闸，船只可逆流而上，由东便门入城，直抵积水潭。明代时，漕船不再进京，但货运和客运持续到 19 世纪初。今天，通惠河主要承担市政排水功能，水源工程大部分仍在运用。

「京杭大运河杭州段」

大运河的开凿与贯通，极大地促进了整个运河区域经济社会的发展，使这一区域成为繁荣昌盛的新经济带。而商品经济的繁荣，更直接推动一些运河城市的发展。现在，从北京南下，天津、沧州、济宁、徐州、淮安、扬州、镇江、常州、无锡、苏州、嘉兴、杭州以及浙东运河沿岸的绍兴，直至宁波，这是一串镶嵌在运河上的明珠，耀眼夺目。

京杭运河历为水运要道，尽管现在受公路、铁路及航空等交通方式影响，但其部分河道仍在使用，山东以南段还是我国最重要的水运主通道之一。当前，国家正大力推动内河航运的发展，京杭运河是国家高等级航道布局规划“两横一纵两网”中的一纵，必将发挥更重要的作用。建设中的南水北调东线工程基本沿大运河逐级提水北送，长江之水将使古运河再度焕发活力。

江海相会

歌起雪域，洪流入海。大江东去，黄浦南来。苏州河居中横贯，淀山湖左右映带。襟崇明，枕长兴，控流域锁钥；通五洋，畅九州，列远东冠盖。外滩天际线，万国秀风采。明珠高耸，洋山拓展；黄金海岸，三岛列排。烟波浩渺虹桥渡，苍龙一线海上来。

沪上沧桑，百年海派。松江府缕缕轻纱，静安寺点点绿苔。曾几何，轮车咿呀，街弄曲窄；忆近代，洋场十里，陆离光怪。浪奔浪涌，花谢花开。星移斗转，春潮澎湃。霓虹照影，申江水润卓越；玉兰吐蕊，世博会聚精彩。空港鹰翔东风舞，航运中心书豪迈。

浚海疏江，东流奏凯。打通长江口，挥手世界；治理拦门沙，惠泽百代。骏马排，巨门开。云帆阔，月满怀。鱼嘴丁坝映繁星，导堤深槽畅玉带。兼收并蓄，海纳百川；大气谦和，睿智常在。浦东弯弓搭箭，神州倚天照海。金色航程贯亚欧，长江之歌响天外！

百川归海歌不休

茫茫雪域踏歌来，洪流百川归大海。从各拉丹冬雪山启程，上下五千年，纵横十万里，白浪回还，潮汐溯往。深情眷恋，依依徘徊。

「上海独具一格的海派文化」

江海交汇，博大气派。母亲河滋养了上海，中国共产党在此诞生，缔造华夏崭新的未来。明珠塔高耸入云，洋山港激情澎湃，奏响对外开放进行曲，展现昂首向洋大胸怀，孕育独具一格的海派文化，闪烁中西合璧的流光溢彩。大上海镌刻着中国近代史深深印痕。

公元1291年，位于吴淞江支流海浦边上的上海镇正式升格为县。那时，它只是一个小小的渔镇，几条窄窄的街弄，咿咿呀呀的独轮车载着海鲜咸货，在码头和水产市场间来往穿梭。在此后700多年的潮涨潮落中，它饱经沧桑。待到100多年前，上海已号称远东巴黎，十里洋场灯红酒绿，是名副其实的冒险家乐园。1949年以后，上海成为新中国经济重镇。今天的上海，如满月弯弓蓄势而发，朝着国际金融、航运和贸易中心的目标挺进。

「上海地标河流黄浦江」

“月上黄龙浦水黄”，黄浦江是上海的地标河流，将上海分成浦西和浦东。它发源于无锡太湖，是上海境内最长、最宽、最深的一条河流。黄浦西岸是风情别样的万国建筑，东岸则是拔地而起的现代楼宇。

“浪奔、浪涌，万里滔滔江水永不休”，20世纪80年代，电视剧《上

「上海外滩」

海滩》横空出世，描写了灯红酒绿、投机冒险、鱼龙混杂的旧上海，讲述许文强、冯程程、丁力三人之间的爱恨情仇，展现了一个风起云涌的大时代。当时该剧轰动一时。许文强的白围巾和冯程程的麻花辫，在很多人心里成为了上海滩的符号。

外滩留下了那个年代的印记。从金陵东路外滩到外白渡桥长仅 1.5 千米的弧线上，56 幢巍峨参差的大楼蔚为壮观，形成了一派凝固的风景。古典主义式、罗马式、哥特式、巴洛克式、文艺复兴式等风格迥异的楼宇鳞次栉比，展示了世界建筑的艺术风采。当年许多外国银行、总会、领事馆等云集于此，有“东方华尔街”之称，形成了历史缩影。漫步其间，那一砖一石一瓦，仿佛都在无声诉说着当年梦幻般的繁华和往事。

外滩是上海的客厅，浦东是上海的名片。浦东与浦西一水之隔，曾不可同日而语。“宁要浦西一张床，不要浦东一间房”。20 世纪 90 年代前，浦东仍是大片的农田、破旧的渔村、低矮的农舍、简陋的道路。1990 年 4 月，浦东正式开发开放。

1994 年 10 月，东方明珠广播电视塔在陆家嘴揭开面纱，该塔高 468 米，位居亚洲第一、世界第三，与外滩隔江相望，与左右两侧的南浦大桥、杨浦大桥形成双龙戏珠之势。11 个球体从蔚蓝的空中串联到如茵草地，其中两个巨大球体宛如两颗红宝石，晶莹夺目，与塔下新落成的上海国际会议中心的两个球体，构成了“大珠小珠落玉盘”的壮美景观。

「黄浦江畔广播电视塔东方明珠」

不到 10 年时间，各大

「黄浦江畔 陆家嘴金融贸易区」

银行纷纷跨过黄浦江，入驻陆家嘴金融贸易区。世界500强企业相继落户浦东，许多跨国公司先后把各自的总部从世界各地迁到这里。

宝山是上海经济发展的又一重要支点。中国最大的精品钢生产基地、世界500强企业宝钢，中国最大的火力发电厂石洞口电厂就坐落在宝山。

黄浦江在上海市中心白渡桥接纳苏州河后，在吴淞口注入长江。

苏州河沿岸的经典建筑可与外滩媲美，如原英国领事馆、河滨大楼、公济医院大楼、上海总商会大楼。苏州河的黑臭曾让上海蒙羞。通过治理，苏州河在烟雨中重现久违的灵秀。

上海故城北门外有一条洋泾浜，是黄浦江的支流。在19世纪80年代，洋泾浜成为英法租界的界河，北面为英租界，南面为法租界。而美租界则在虹口。当时，上海的租界曾有过十里洋场的繁华景象。英、法、美等国在各自的租界里，修桥铺路，建教堂，立医馆，开茶楼，辟酒肆，办商店，声色犬马，洋货充斥。

这里曾是抗击侵略者的战场。1937年8月13日，淞沪会战打响。这是中国抗日战争中第一场大型会战。3个月里，中日80万军队投入战斗。中国军队死伤30万人，阵亡校尉级以上军官近千名，其中少将以上高级军官10余名。

百年沧桑巨变，中外文化交融，逐步形成了独具一格的“海派文化”。石库门就是其重要的文化符号。

石库门建筑以石头做门框、乌漆实心厚木做门扇，上有铜环一副，是最具上海特色的民居。其平面和空间形式更接近于江南传统的二层楼三合院或四合院，采用的联排式布局却来源于欧洲，外墙雕花和门头装饰也多为西式图案。石库门是融合中西的建筑遗产。

沿途而下可见吴淞口西炮台址，这里是当年民族英雄陈化成誓死抵抗英军之地。吴淞口曾为吴淞江入长江之口，为黄浦江、长江和东海三股水流交会之地。黄浦江之水青灰，长江之水淡黄，东海之水碧绿，合流之后呈现出黄、绿、青三水夹流奇观。

长江河口段上起徐六泾，下迄长江口 50 号灯浮，全长约 182 千米。长江入海口水天一色，分不清哪里是江，哪里是海。

2004 年 12 月 2 日凌晨 1 时，码头客运大楼实施控制爆破，功成身退。经过半个多世纪的建设和发展，上海港已跻身于世界大港前列，其沿海运输网可辐射到长江流域乃至世界各地。十六铺客运码头华丽谢幕和上海国际航运中心强势崛起，是中国交通运输大格局嬗变的缩影。

长江口深水航道治理工程被誉为“水下长城”，它将托起上海国际航运中心的腾飞，让世界进入长江，将长江引向世界。

上海通江达海，航运发达。新中国成立初期，上海十六铺客运码头曾是中国最大的水陆客运枢纽。

洋山港集装箱深水泊位林立、众多船舶进出、岸桥装卸繁忙、货物运转流畅，已是一派现代化的港区景象。洋山深水港和保税港区也是上海国际航运中心的核心工程。

碧海滔滔，一桥飞架。东海大桥伸向茫茫大海，与海天共一色，被誉为“海上长虹”。东海大桥是上海国际航运中心的大“动脉”，也是洋山深水港工程的重要组成部分，它的建成，使上海港真正“上海”了。

风吹芦苇荡，鸟戏百花开。在长江与东海相逢处，崇明三岛犹如明珠横排，在东海的蓝色波涛映衬下，格外耀眼。崇明岛是中国第三大岛，也是世界上最大的河口冲积岛之一。“崇”为高，“明”为海阔天空，“崇明”意为高出水面而又明净宽阔的平地。崇明岛景色是冲积岛风光的优秀代表，初到崇明岛的人，甚至感觉不到这是岛。一望无际的田野，绿油油的庄稼，小船在水网间穿行，一派江南水乡风光。横沙岛花木成荫，风景如画。长兴岛港深岸阔，是远东最大规模现代船舶、港口机械制造业基地。

星移斗转春风舞，璀璨明珠耀海江。

上海世博会以“城市，让生活更美好”为主题，展现了城市的未来：“东方之冠”的中国馆、随风舞动的英国馆、枫叶造型的加拿大馆、形如“丝路宝船”的沙特馆……令人美不胜收；世界文化瑰宝纷纷闪亮登场：

「上海世博会“东方之冠”中国馆」

华夏战国铜车马、希腊雅典娜神像、法国印象派名画、丹麦童话美人鱼，使人目不暇接。徜徉世博园区，仿佛周游世界。184 天持续运行，246 个参展对象，逾 7308 万参观人次，创多项世界之最，尽情挥洒人类智慧的奇思妙想，充分展示改革开放的中国和日新月异的上海。

世博会昭示了今天的光荣，自贸区引领着未来的梦想。外高桥、洋山港、浦东机场等 4 大保税区，分布在东海 100 千米的黄金海岸线上。这块 28.78 平方千米的国家“试验田”挂牌至今，虽没有挖地刨坑、拔地而起的变化，但一场润物无声、开天辟地的变革正在进行。上海自贸区将打开投资、金融等深层次开放的神奇之门，以强劲引擎驱动长江经济带巨舰驶向广阔海洋。

东海跳动的金色波光里，长江深情回望神州大地，轻抚儿女，飞扬神采。迎东升旭日，融蔚蓝大海，昂首腾飞向世界，长江之歌响天外！

水天一色长江口

江海交会处水流浩荡，水面宽阔，已显出海的容量与气度。长江口地处中国大陆海岸线中点，居太平洋西岸航线要冲。长期以来，长江口仅以自然水深通航，制约了长江三角洲及长江流域经济的发展。1998 年后，长江口深水航道治理工程开始实施，到目前通航水深增至 12.5 米。这使得长江航运与国际海运网络轻松对接，也给长江口水天一色的景象注入了新内涵。

长江河口段全长约 182 千米。徐六泾河宽约 5.7 千米，入海口门启东嘴至南汇嘴扩展为 90 千米，整个河口呈喇叭形。徐六泾以下崇明岛将长江分为南、北两支。南支吴淞口以外由长兴岛和横沙岛又分为南、北两

「江海交汇长江口」

港，南港在横沙岛尾右侧被九段沙再分为南、北两槽，形成长江口三级分汊、四汊入海格局，主河道也在其间交替变动。

因受到巨大潮量、径流量和流域来沙量影响，河口河槽演变复杂，长江口通航航道所处的拦门沙河段，自然水深仅6米，成为通航的瓶颈，严重制约了上海、长江三角洲乃至整个长江流域经济的发展。作为长江流域经济社会发展至关重要的主要入海通道，槽泥淤沙年复一年地聚积堆集，使长江口长期饱受“局部梗阻”之困，通而不畅，淤沙拦门，阻碍着巨轮跨江入海。上海国际航运中心的建设、中国东部地区的率先发展、沿江地区经济社会的发展，都有赖于长江这条运输大通道。长江口的治理，是一个百年必修的难题，是中国人世纪欲圆的梦想。

长江横贯中国东、中、西三大经济区，是这些地区的水上大通道。

清道光二十三年（公元1843年）上海辟为商埠后，西方列强为了通航需要就开始注意长江口的整治工作。1935年，代表列强各航运国的“上海技术顾问委员会”曾组织疏浚，治理过程中没有中国人员参加，全部由驻沪领事和外国专家所控制，整治费用却由中国政府承担。抗日战争爆发后，治理告一段落，前期治理效果很快就消散无痕。

新中国成立初期，曾先后动员近千人，数十艘船，对江阴以下河段进行水下地形测量及同步水文测验，同时召开了长江口综合开发座谈会，开始探讨治理方案；1962—1966年，长江口工作列入了国家10年科技发展规划，成立了长江口治理研究委员会，负责制定长江口规划，并在交通部领导下，成立了“长江航道改善措施研究工作组”。1973年，周恩来总理提出“三年改变港口面貌”的要求，鉴于长江口航道淤积严重，严重影响航运，国家将长江口航道治理工程列为国家重点建设项目。

真正让治理工作步入实践落实阶段的，是改革开放之后。长江三角洲地区成为中国经济腾飞的引擎龙头，远洋运输成为服务经济发展需求的主要运输方式。长江口的疏浚畅通日益成为急切与紧迫的诉求。至20世纪末，为充分发挥长江黄金水道的作用，彻底改善长江口航道条件，中国决定实施长江口深水航道治理这一跨世纪宏伟工程。

1998年1月27日，长江口深水航道治理一期工程开工，化解百年难题的恢弘篇章也就此拉开帷幕，到2000年3月完成，航道水深由7米增深到8.5米，实现历史性跨越。二期工程开工于2002年4月，2005年3月航道水深由8.5米增深到10米，2005年11月通过国家验收，并同期延伸到南京；三期工程于2006年9月开工建设，2011年3月14日，长江口深水航道治理三期工程顺利通过交工验收，长江口深水航道三期工程12.5米水深全线贯通。如今，一、二、三期工程建设形成的南北槽分流口工程已雄踞于江亚南沙的沙头，两条各约50千米的长堤、19座总长约35千米的丁坝群，已安然横卧在北槽两侧，在进行了3.2亿立方米基建性疏浚后，全长92.2千米，底宽350~400米，水深12.5米的深水航道已展现于世。

「长江口深水航道」

长江口深水航道的开通发挥了巨大的综合效益。2000年，进出长江口的海船不到7000艘次，平均每天不到20艘次；而在长江口深水航道2010年3月至2011年3月的试通航期间，进出海船近46000艘次，超过2000年的5倍多。其中吃水大于9米的海船由2000年的8艘次达到试通航期间的57艘次。这虽然一方面得益于经济的快速发展，但几何级数的上涨数字无疑是对长江口深水航道发挥效益的最好证明。长江口深水航道的建成，不仅使长江航运网络与国际海上运输网络实现对接，还提升了长江水运大通道的功能和地位，将促进中国东、中、西经济合作协调发展。

「长江口的大型远洋船舶」

长江口深水航道治理工程创下中国水运工程建设史上的多项奇迹，被誉为“水下长城”，打通了长江口航运的“大动脉”。这是一项世界级的宏伟工程，中国水运建设史上的开山之作，也是人类认识、改造自然的又一次伟大壮举。它集中了尖端科技和水上施工力量，历时 12 年，消除了千百年来长江口“拦门沙”对长江航运的制约，打造出一条“双向水上高速通道”。长江口深水航道整治工程的完工，将在较长一段时间内满足货物运输量快速增长和船舶大型化发展的需要。它将与洋山深水港各为一翼，共同托起上海国际航运中心的腾飞；将使长江“龙头”作用得到充分发挥，促进长江高等级航道和港口体系的建成；它更打开了长江中下游流域的“大门”，促进东、中、西部经济联动，带动中国中西部地区经济的崛起。因为它，世界进入长江，长江奔向世界。

长江口深水航道能满足第三、四代集装箱船和 5 万吨级船舶全潮双向通航的要求，同时兼顾满足第五、六代大型远洋集装箱船和 10 万吨级满载散货船及 20 万吨级减载散货船乘潮通过长江口的要求。“治理长江口，打通拦门沙”是几代科技工作者无限的追求；而今，深水航道建成，清淤畅途，通江达海，中国人又一个百年夙愿得偿。

浦江今昔十六铺

黄浦江是上海最重要的河流，太湖流域第一大河，也是长江入海前最后一条支流。它地处长江南岸，集航运、供水、灌溉、排水、旅游等功能于一身，有上海母亲河之称。

「黄浦江是上海的母亲河」

黄浦江有三大源流：西北支源于淀山湖，从湖口淀峰起为拦路港，下接泖河、斜塘，至三角渡，其间有太浦河汇入泖河，承泄太湖及江苏淀泖地区来水。太浦河开通后，成为黄浦江主要水源。中支为大蒸港至圆泄泾，上接浙江红旗塘，主要承泄浙西和杭嘉湖北区来水。西北支、中支汇流合为横潦泾。西南支为大泖港，主要承泄杭嘉湖地区、沪杭铁路以南、上海金山区西南部地区来水。大泖港汇入横潦泾后，称竖潦泾；再折向东流，始称黄浦江。至闸港折向北，在上海外滩外白渡桥纳苏州河即吴淞江，然后穿过市区北郊，至吴淞口汇入长江。

习惯上称西北支拦路港为黄浦江干流，干流自淀山湖畔淀峰起至吴淞口，全长 113.4 千米，流域面积 5193 平方千米，平均流量 330 立方米每秒。黄浦江两岸渠河网交错，湖泊众多，有 50 多条支流联通浦西河网和浦东河网。从北岸、西岸流入的主要支流有西大盈港、油墩港、通波塘、淀浦河、吴淞江等；从南岸、东岸流入的有张泾河、叶榭塘、紫石泾、金汇港、大治河、川杨河等。黄浦江可全程通航，下段可通巨轮。

“黄浦”之名，始见于南宋绍兴二十八年（公元 1158 年）。唐代以前，黄浦江的前身曾称东江，是太湖下行入海的三江之一，当时东江是向东流入杭州湾的。

南宋时期，黄浦江不过是一条自今闸港向北流经今十六铺以东，同原来上海浦相接的一条小河。南宋初期前，东江曾有多条出口，到乾道七年（公元 1171 年），许多出口多已阻断。乾道八年，又兴筑海塘即里护塘、堰坝，东江主要出口完全阻断。东江流向杭州湾的出口被堵塞后，淀山湖及浙西平原的水流，必然向东经今闵行以东，从闸港经下沙，至新扬以东出海。这段河道直至明代称横潦泾。在清代志书中，也称黄浦之首为横潦泾。另一部分水流从闸港北流，经今黄浦，至今虹口境内注入吴淞江，此口在元时称黄浦口，首出元代任仁发（公元 1254—1327 年）的《水利书》。自闸港以北的今黄浦河段，在南宋及元时即称“黄浦”。两宋时期的黄浦河面不是很宽阔，在南宋修建里护塘堵塞东江下游出口后，河面才日渐加宽，与原上海浦合并，上海浦一名逐渐消失。当时，黄浦是吴淞江一条支流，其水系雏形始渐形成。太湖下游排水，仍以吴淞江为主流。

明初，原吴淞旧江已淤成平陆，同时开通范家浜为黄浦下游的出口，以后太湖及浙西平原之水逐渐汇入黄浦，此时才有大黄浦之称，但仍未称江。永乐二年（公元 1404 年），大黄浦“下流壅遏，难即疏浚”。不久，尚书夏元吉（公元 1366—1430 年）疏浚范家浜至南跄口，径直达海，并上接大黄浦，以达泖湖之水。开浚范家浜后，黄浦水流改由范家浜东流，至今复兴岛附近，折向西北流至今吴淞口入长江。到正德十六年（公元 1521 年）冬，做了一次疏浚：一面开浚吴淞江下游旧江道，一面又开浚新的入浦之道，即自今北新泾下至曹家渡以北一段。自开浚后，吴淞江乃从明嘉靖元年（公元 1522 年）春改流今日的河道。到明隆庆三年（公元 1569 年），海瑞主持将入浦新道加以疏浚。于是，吴淞江反而成为黄浦江的支流。清道光年间（公元 1821—1850 年），上海开港，始称黄浦江。

1840 年鸦片战争后，在帝国主义侵略下，上海被迫开为商埠，外国商船多进泊上海，后因泥沙淤浅，自 1907 年起开始疏浚。1907—1911 年间，在吴淞口外建筑了一条导堤，并疏浚航道。原来在高桥以南的江中有一高桥沙岛，1906 年后，疏浚航道的淤泥逐渐将沙岛以北汊道填没，高桥岛同东岸相连；又在今周家嘴以东的宽阔江面逐渐填积成一个复兴岛，这样便形成现今的黄浦。

「重要的水上门户十六铺」

清代后期，上海县城乡内外被划分为若干“铺”，南市小东门外黄浦江沿岸属十六铺。由于十六铺一带码头集中，是重要的水上门户，一度成为上海港的代名词。从这里通往各地的航线，早在开埠前就已十分活跃。

从黄浦江出长江口迤北，为最繁忙的北洋航线，连接芝罘（今烟台）、天津、牛庄（今营口）等港口，主要是运出聚集在上海的棉布，载回豆麦。从黄浦江出长江口迤南，为重要的南洋航线，连接浙江、福建、广东、台湾等地港口，主要是把上海地区的棉花运销福建、广东一带，载回食糖和南货等。另外，上海港还开辟内河航线、长江航线、远洋航线，远洋航线可至朝鲜、日本和东南亚各地。

在上海近代历史上，十六铺码头一直是人流、物流进出上海的主要通道，口岸、商贸与城市发展轨迹的重要节点。由十六铺而发展起来的街市，又使该片区成为一个商业中心。十六铺先是对这一片区笼统的泛称。直到新中国成立初期，黄浦江畔的原金利源码头归属上海港务局，并改造成客货码头，以客运为主，定名十六铺码头，它才有了具体含义。后经扩建，十六铺又成为全国最大水陆客运枢纽。

从20世纪末开始，水上客运的光环渐渐退去。1999年，上海至南通的申通班航线在最后一班客轮的汽笛声中退场。之后，每隔数月都有一条客运航线无奈地告别“十六铺”。2001年10月，武汉至上海的汉申班航线正式退出客运市场。这条航线由轮船招商局于1873年7月年开辟，是长江上最古老又最长的客运航线。至此，长江中下游客运繁荣的历史告一段落。

喧嚣和人潮渐行渐远，十六铺客运码头在辉煌后徐徐落幕。随着黄浦江两岸综合开发的推进，具有140多年历史的老码头终于功成身退。2004年12月2日凌晨1时，上海十六铺码头客运大楼实施控制爆破，告别历史舞台。

水上客运特别是长途水上客运的由盛而衰，是中国综合交通运输发展到一定程度的必然，是中国交通运输大格局嬗变的一个侧影，也是中国社会生活节奏、思想观念改变的综合反映，而长江货运依然在流域经济社会发展中发挥着不可替代的重要作用。

苏州河古名松江，又因流域在古代吴国境内，故称之为吴淞江，苏州河是吴淞江进入上海市区段的俗称。苏州河属于太湖水系，上海开埠前一直叫吴淞江，上海开埠后，外国人发现可以乘船从吴淞江到苏州，所以叫它为苏州河，但中国官方中一直称吴淞江。不过根据习惯，以北新泾为界，上称吴淞江，下称苏州河。

「苏州河」

苏州河发源于太湖瓜泾口，穿过江南运河，流经吴江、苏州、昆山、嘉定、青浦，在上海市区外白渡桥附近汇入黄浦江，全长 125 千米，其中上海境内 54 千米，是上海境内继黄浦江之后的第二大河。苏州河平均河宽 40~50 米，是上海通往江苏南部主要水上交通线和上海市区重要航道。

苏州河沿岸的优秀建筑也不计其数，如原英国领事馆、河滨大楼、公济医院大楼、上海总商会大楼。邮政局大楼是建成于 20 世纪 20 年代中期，是上海第一座钢筋结构和砖石外墙的建筑，竣工之际着实轰动了一番。

「苏州河沿岸的优秀建筑」

苏州河的黑臭曾是上海的耻辱。历史上的苏州河水质清澈，20 世纪初，随着上海人口、经济的发展，苏州河污染日益严重，1920 年市区河段开始出现黑臭。以后逐渐加剧扩散，1978 年上海境内河段全部受到污染，市区河段终年黑臭。污染的苏州河严重影响上海的可持续发展和现代化国际化的形象。1998 年 5 月，上海编制了《苏州河综合治理方案》，提出了两个治理目标，一是到 2000 年底消除黑臭，二是到 2010 年鱼虾重现苏州河。通过治理，苏州河又清澈了，鱼儿重返苏州河。如今，昔日黑臭难堪的情景已经不复存在，苏州河在烟雨中重现久违的灵秀，河边的一块块绿地成为周边地区居民清晨健身的好去处。

巨龙腾飞向世界

上海地处长江和黄浦江入海汇合处，航运资源丰富，通江达海，拉动了经济快速发展，并昂起龙头，带动了长江经济带乃至全中国这条巨龙的腾飞，令世界瞩目。上海港依江临海，以上海为依托、长江流域为后盾，经济腹地广阔，其沿海运输网可辐射到长江流域甚至全国，对外接世界环球航线。经过半个多世纪的建设和发展，上海港已成为一个综合性、多功能、现代化的大型主枢纽港，并已跻身于世界大港之列。2014 年，上海港完成港口货物吞吐量 7.55 亿吨，集装箱吞吐量 3528.5 万标准箱。

「跻身于世界大港之列的上海港」

上海国际航运中心建设又是一大亮色。随着辐射效应的提高、现代服务业的集聚、全球资源配置的加强，上海正走向“内涵式”发展道路，从黄浦江畔驶向深海之中。而洋山深水港和保税港区又是上海国际航运中心的核心工程，长江口深水航道治理工程则为上海国际航运中心的建设提供有力的支撑。

洋山深水港位于浙江省嵊泗崎岖列岛，西北距上海市浦东新区芦潮港约 32 千米，南至宁波北仑港约 90 千米，向东经黄泽洋水道直通外海。它由大小洋山等数十个岛屿组成，是中国首个在微小岛上建设的港口。建设之初，这里还是一片普通的海岛，海岛人日出而作，日落而息；如今，这里集装箱深水泊位林立、众多船舶进出、桥吊装卸繁忙、货物运转流畅，已是一派现代化的港区景象。

「现代化的洋山深水港」

洋山保税港区由小洋山港口区域、东海大桥和与之相连接的陆上特定区域组成，是国务院批准的国内首个保税港区。其中，小洋山港口区域面积约 2.1 平方千米；陆地区域位于上海市南汇芦潮港，面积 6 平方千米。这里实行出口加工区、保税区和港区的“三区合一”，更凸现区位优势和政策优势。洋山保税港区的设立和洋山海关的开通，对于大力发展国际中转、配送、采购转口贸易和出口加工等业务，拓展相关功能，实现港口经济与产业经济的联动发展，全面提升上海港的国际竞争力，具有十分重要的意义。

浦东的海边，有一座宏伟的大桥蜿蜒伸向茫茫大海，与海天共一色，被誉为“东海长虹”，这就是连接上海陆地与洋山港大小洋山岛的唯一通道——东海大桥。

「东海大桥」

东海大桥是上海国际航运中心的大“动脉”，也是洋山深水港工程的重要组成部分。大桥总长约 32.5 千米，宽 31.5 米，最大主通航孔离海面净高达 40 米，相当于 10 层楼，可满足万吨级货轮的通航要求。它是目前世界上继杭州湾大桥之后的第二长跨海大桥；159 米高的两座大跨度海上斜拉桥主塔在国内最高；位于颗珠山岛和大乌龟岛之间的深海大堤绵延 1.22 千米，也是国内的突破和创新；而最大的奇迹是建设速度，在风高浪急的外海，大桥于 2002 年 6 月 26 日开工，2005 年 12 月 10 日就正式通车！碧海滔滔，一桥飞架。它的建成为加快上海国际航运中心的建设奠定了坚实基础。

百川归海，大江辉煌。虹桥飞渡，洋山启航。东方明珠响箭穿云，自贸新区活力绽放。巨龙腾飞向天外，扬帆奋进壮炎黄！

图书在版编目（CIP）数据

纵横水网／黄强著．—武汉：长江出版社，2019.6（2023.1 重印）
（长江文明之旅丛书．山高水长篇）
ISBN 978-7-5492-6523-7

Ⅰ．①纵…　Ⅱ．①黄…　Ⅲ．①长江流域—水系—介绍　Ⅳ．①K928.42

中国版本图书馆 CIP 数据核字（2019）第 105276 号

项目统筹：张　树
责任编辑：王秀忠　　苏密娅
封面设计：刘斯佳

纵横水网
刘玉堂　王玉德　总主编　黄强　著
出版发行：上海科学技术文献出版社
地　　址：上海市长乐路 746 号　200040
出版发行：长江出版社
地　　址：武汉市解放大道 1863 号　430010
经　　销：各地新华书店
印　　刷：中印南方印刷有限公司
规　　格：710mm×1000mm　1/16
印　　张：10.5
字　　数：143 千字
版　　次：2019 年 6 月第 1 版　2023 年 1 月第 2 次印刷
书　　号：ISBN 978-7-5492-6523-7
定　　价：39.80 元